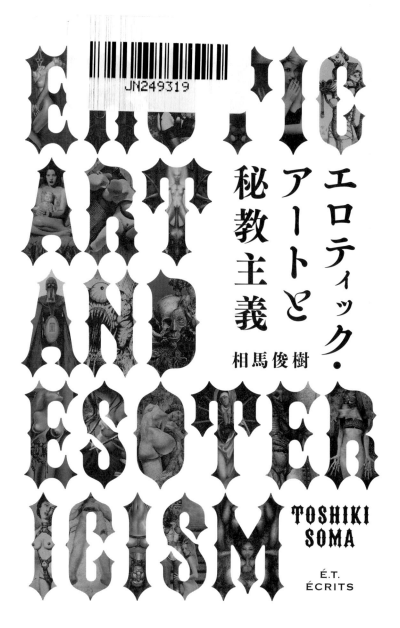

EROTIC ART AND ESOTERICISM

エロティック・アートと秘教主義

相馬俊樹

TOSHIKI SOMA

É.T. ÉCRITS

EROTIC ART AND ESOTERICISM

Printed and bound in Japan

序文 …… 006

第I章—現代エロティック・アートの精神地図《ミクロコスモス》

01 ハンス・ベルメール—女身解剖精錬夢 …… 014
02 ピエール・モリニエ—狂奔綺淫のシャーマニズム …… 022
03 ジャン・ブノワ—蛮人聖侯爵の残虐夢 …… 030
04 ジェラール・ガシェ—エロティック・アペイロンの幻影 …… 036
05 シビル・リュペール—快虐のイニシエーション …… 042
06 ジャン=マリー・プメロル—魔子宮の悪夢、あるいはおぞましき肉塊の沈黙 …… 048
07 H・R・ギーガー—メタリック・ヴァギナのシンボリズム …… 054
08 ズジスワフ・ベクシンスキ—マゾヒズムと身体毀損の彼方 …… 060
09 ジョン・サンテリネロス—エロティック・ダーク・ヴィジョンの深淵へ …… 066
10 ニック・ダグラス&ペニー・スリンガー—聖頂へのセクシュアル・トリップ …… 074
11 ボブ・カルロス・クラーク—クール・フェティッシュとエレガンスの結晶 …… 080
12 空山基—ガイノイドのピンナップ工学 …… 086

第Ⅱ章｜ヴィジョン・イン・ブラック（闇夢の随想録）

01 シュルレアリスムのデンジャラス・コア｜現代美術の一分野として見た猟奇殺人……092
02 伊藤晴雨の秘蔵写真｜残酷への郷愁……104
03 藤野一友／中川彩子｜幻想サディズムのユートピア……108
04 女性器アートの三人｜恥辱の性史からの解放……112
05 未開の地の呪物人形｜アフリカのパワー・フィギュール……120
06 バレエと脚フェティシズム｜踊り子の脚の香気……130

第Ⅲ章｜妖異闇黒図書閲覧室

01 アン・ホランダー『性とスーツ』｜スーツは男を古典彫像に変える……138
02 ジョン・ハーヴェイ『黒服』｜濃密なる死を纏う男たち……141
03 クリスチアン・シュピール『食人の世界史』｜食人の呪わしき幻影……144
04 アーサー・マッケン『パンの大神』｜おぞましき邪神の復活……146
05 ルネ・ドーマル『類推の山』｜秘儀の頂へ……149
06 中井英夫『名なしの森』｜郷愁の闇……151

07 赤江 瀑『罪喰い』― 食屍を仄めかすアンタッチャブルな奇習 153
08 友成純一『獣儀式』― 快楽と絶望の魔界 155
09 志賀 勝『魔女の素顔』― 魔女に秘められたエクスタシー・テクニック 160
10 澁澤龍彦『華やかな食物誌』― 美食から奇食へ 163
11 木谷美咲『官能植物』― 大人のための植物図鑑 165
12 古野清人『原始文化ノート』― 人喰い巨人の原風景 168
13 ユズキカズ『枇杷の樹の下で』― 少女と植物のみだらな交歓 172
14 日野日出志『怪奇! 毒虫小僧』『赤い蛇』― 汚穢のユートピア 175
15 宮西計三『エステル』― エロスの奈落の美学 179
16 甲斐庄楠音画集『ロマンチック・エロチスト』― 艶女を描く女装の日本画家 181
17 東京るまん℃写真集『REST3000~ STAY5000~』― 性地の亡霊たち 183
18 東京るまん℃写真集『Orphée』― セルフヌードの浄化儀礼 186
19 箕輪千絵子『CHIEKO MINOWA』― 聖闇の彼方へ 188
20 池田俊彦『笑う黄金種族』― 沈黙する肉体の彼方へ 191
あとがき 194

序文

本書においてメインとなる第1章全体と第2章の一部で扱われる現代のエロティック・アートは、われわれの日々慣れ親しんでいる視線の秩序、すなわち日常の目が、しばしばその枠外へと追放し、意識の底へと封印する、ある種の現実の過剰を画布、あるいは印画紙に定着させてしまう。各々のアーティストが透視するもう一つの現実は、われわれ見る者らにエロティシズムの彼岸を予感させるだろう。心地よき性的満足感へと導こうとするセンシュアルなイメージ（空想）の通常の流れにとって、そこにあらわれているものは日常を怯え震わせる驚異－脅威であるか、快楽の慎ましき常識作法を無視した謎めく無意味－不気味にすぎないのかもしれない。

もちろん、それぞれに、銅版の繊細、描線の緻密、ファッション写真の洗練様式、フェティッシュ・スタイルなどといった美学的関心・固執は垣間見られるが、一様にそれは呪われているとの印象を拭い去れない。美のスタイルは、それが直面するエロティックな悪夢のおぞましさによって、徹底的に蹂躙されているのである。肥大化したセクシュアルな強迫観念、氾濫する欲望の猛威、荒々しいみだらの狂気…これらにつき纏われて、美は徐々に魔的な様相を呈してくるだろう。

そして、本書でとりあげた多くの作家が、サディズム、マゾヒズム、フェティシズムといった三大魔淫への強い傾きを示しているのも事実であり、それはこの小書において一つのテーマを形成しているといえるだろう。だが、これら倒錯欲望の表現とても、たんに月並みな淫行を刺激するスパイスの役を演ずるにとどまることなく、エロティシズムの極点にいたるまで研ぎ澄まされ、恐るべき死毒として官能に塗り込まれてしまっているかのようである。ここではサディズムとマゾヒズムは異常に破壊的であり、心身を痛ましい苦行に投げいれて、身体毀損と肉体分断へのベクトルをひそませた、危険な解体に向かう情熱をもあらわに隠そうとしない。(※註一)一方、フェティシズムは狂熱と二重写しとなって、囚われ人には呪文のごとき、逃れがたい作用を及ぼすだろう。

あるいはここで紹介する作家たちの多くに共通する傾向をもう一つ挙げるとするならば、それは魔術、エソテリシズム(秘教的伝統)、キリスト教を遡る時代の古代宗教的な要素ということになろうか。その傾向はしばしば表現にひそんでイメージのそこかしこから秘密を暗示しようとする(これについて具体的には本文で記述する)が、明確に影響をあかしている作家もめずらしくはない。

ポルノ画像の断片群とともにエソテリシズムと古代宗教の聖像をほぼ全項にわたって散りばめたニック・ダグラスとペニー・スリンガーによる共同コラージュ集『マウンテン・エクスタシー』はいうまでもないとして、評伝のなかでピエール・プチが指摘するようにピエール・モリニエがチベット密教や錬金術、カバラなどの秘教主義に強く惹かれていたのも伝記的事実であるし、H・R・ギーガーなどは二十世紀最大の魔術師と謳われるアレイスター・クロウリーと十九世紀の著名な神秘主義者エリファス・

レヴィへの傾倒ぶりをあからさまに表明し、レヴィの描いたテンプル騎士団のバフォメット像を自らの画中にしっかりと刻んでいる。衝撃的な終末のヴィジョンを数多残したベクシンスキも一時期、密教、禅、錬金術などに入れ込み、神秘的な秘匿の知に関わる書物に没頭したというし、ジョン・サンテリネロスはエロティック・ダーク・ヴィジョンに染め抜かれた写真作品のタイトルに、『ヴィシュヌ神の化身』『カルマ』『プラーナ』『ヴァルナ・レインボー』『ムドラ』といったインド宗教・インド神話の語をはじめ、古代ギリシャの聖石を意味する『オンファロス』や、古代小アジアのキュベレ密儀において執行された凄惨な牛血聖浴の儀式『タウロボリウム』のような、一般人には馴染みの薄い宗教用語までを頻々と採用した。

また、画家本人の明言するところではなくとも、たとえば、ハンス・ベルメールの難解な「シュルレアリスム的著作」とされる『イマージュの解剖学』の解説において種村季弘氏は「十二世紀の尼僧院長ヒルデガルドの医学的著作や、パラケルススの人間学的＝天文学的肉体論や、ヨーハン・ギヒテルの『実践神智学』のような、肉体についての神秘家の内識的ヴィジョンの記述を連想しないわけにはいかなかった」と記し、肉体の内側を魔術的に幻視する「第三の目」の重要性に言及している。

かつて石川淳は『澁澤龍彥集成』の推薦文を「西歐中世の學問藝術はもとこれ魔法のためにあった」という印象的な一文からはじめたが、澁澤氏自身は『ヘルメス叢書』の推薦文にて「まさに芸術こそは、その象徴的思考とアナロジーの直観によって、魔術の理想を近代において実現してきた唯一のジャンルと呼ばれるにふさわしいであろう」と書いている。通常の美術史学からすれば大胆な見解と見なされかねない澁澤氏の発言の源泉であるアンドレ・ブルトンの『魔術的芸術』は、さらに大胆に、そもそも芸術の起源は魔術であり、ほとんど魔術を喪失してしまった現代芸術は魔術をとり戻してこそ真の芸術に回帰できると説いている。また、ブルトンは自身を含むある種の精神の持ち主にとってある程度魔術的でないような美を思い描くのはむずかしいと告白し、美に対する魔術的なものの優位性をすら主張する。ブルトンの提示するこの魅惑的な仮説を支持するなら、魔術的芸術という観念、魔術的な美という観念は、当然のことながら、芸術の一領域を占めるエロティックな表現にも認めることができるであろう。本書のアーティストたちも、知らぬ間に、自らのオプスの起源に惹きつけられてしまったのかもしれない。

一方、ジョルジュ・バタイユは宗教とエロティシズムの強固な絆について切々と説き明かしているが、たとえば『エロスの涙』のなかでバタイユが宗教的エロティシズムの典型の一つとしてまず掲げるのは古代のディオニュソス教であった。めったに人の近づくことのない山中で女性信者ら（マイナデス）が乱舞乱行の果てにスパラグモス（素手による野生動物の八つ裂き）とオモパギア（生肉喰い）を経て、狂熱（マニア）のうちに神との合一に至ろうとするその密儀は、バタイユのいうように、まさに狂乱と陶酔恍惚のオルギアであった。本書に収録した常軌を逸する性戯性宴の光景も、狂乱と陶酔恍惚のディオニュソス的相貌に急接近しているように見えなくもない。現代においてもなお、芸術家がポルノ表現とは異なったアプローチで性の現象に関わろうとするとき、その表現はしばしばディオニュソス的閃光に射抜かれてしまうのであろうか。

また、ディオニュソス祭儀における接神というのは、いうなれば神を自らに降ろす憑依（ポゼッション）の体験であったが、ディオニュソス研究の大著をものした碩学アンリ・ジャンメールは、キリスト教とそれ以前の古代宗教の憑依への対応の違いについて興味深い見解を叙述している。それは簡略に要点のみを述べるならば、次のようになろうか。霊的存在（神霊、悪霊）などに憑かれた者に対するキリスト教の対応策は、いうまでもなくエクソシズム（悪魔祓い）、すなわち憑依霊の徹底した排除であった。他方、ディオニュソスやコリュバース（キュベレ密儀の信徒たち）の秘儀における対応策は、憑依霊を除去して正常な状態へと戻すのではなく、霊との和解を通じて共生関係を築き、それを自らのなかにとり込んで、ある変性を伴う人格の新たな均衡状態を実現させるものであったという。

このことは、たとえば、モリニエの女装セルフポートレートを考えるときに重要な示唆を与えてくれる。見ようによっては、女装に際して彼は理想の放埓なミューズを憑依させようと試み、心身のなかで共生関係を結んで、みだらな両性具有者としての新たな人格を構築するかのようである。そういう風にモリニエのセルフポートレートを見ることも、あるいはできるのではなかろうか。しかるに、異質のものとの和解・共生を通じてそれを自身の内部にとり込み、新たな意識のステージへと移行するという観点は、ことをモリニエにかぎらずとも、ある種の魔とつねに関わらざるをえないエロティック・アートを考察する場合、いずれにせよ、重要な鍵となるように思われる。

ところで、やはりジャンメールによると、ディオニュソス教の儀礼は、ヘーラーやアルテミスなど女性神格にまつわる太古の儀礼を継承したものであったらしい。要するに、狂乱と陶酔恍惚の宗教はその起源を少なくとも太古の母神崇拝までたどれるわけである。女性神崇拝について本書との関わりで考えるならば、ベルメールによるエフェソスのアルテミス像への反復参照やジェラール・ガシェの女(女陰)の王国、あるいは『マウンテン・エクスタシー』のイシス女神崇拝などが具体的に思い浮かぶが、女性原理的な神秘への傾倒というのは他にもいたるところで見出すことができるだろう。そして、ギーガーにとってのリー(恋人、モデル)であったり、ジル・ベルケにとってのミルカ・ルゴシ(恋人、モデル、画家)であったり、ベルメールにとってのウニカ・チュルン(恋人、モデル、詩人、画家)であったり、ボブ・カルロス・クラークにとってのリンゼイ(妻、モデル、スタイリスト)であったり、さらにはモリニエにとっての早逝の妹であったりというように、エロティック・アートの男性表現者は崇拝にも似た熱愛を向けるミューズ的女性を伴うことがめずらしくなく、実際に彼女らからひそかに女性原理的な神秘を注入されていたと見ることもできるのではなかろうか。

アンドレ・ブルトンは芸術は魔術を起源とすると語り、ジョルジュ・バタイユは起源においてエロティシズムと宗教は強固に結ばれていたと断ずる。そうであるとするならば、芸術とエロティシズムの婚姻であるエロティック・アートが魔術的、秘教的、古代宗教的な容貌をしばしばあらわにするというのも、けっして不思議なことではなかろう。本書で紹介するエロティックな絵画、写真、オブジェも、どうやらそのようである。

つまるところ、芸術家が過剰な現実へと視線を向けるとき、その先に幻視するのは、実は自らの精神の深層から湧き出でてくる魔術的な形象そのものであるのかもしれない。

※註一

本文を読んでいただければあえてことわる必要もなかろうが、本書で扱った作家のなかで特にこの傾向を示しているのは、ハンス・ベルメール、シビル・リュペール、ベクシンスキ、プメロルである。本書において触れてはいないが、表現の領域を女性のマゾヒスティックな状況のコアに特化して追求し、被虐の彼方を見定めようと意欲を燃え立たせる現代のエロティック・アーティストを挙げるなら、次のようなリストとなろう。クロード・アレキサンドル、ギイ・ルメール、アントワーヌ・ベルナール、ルミヤック、ギド・クレパクス、オルラン、アブラモビッチ…彼ら、あるいは彼女らのサドマゾヒスティックなアートについては、いずれ機会を改めて論じてみたいと思う。

―第1章― 現代エロティック・アートの精神地図《ミクロコスモス》

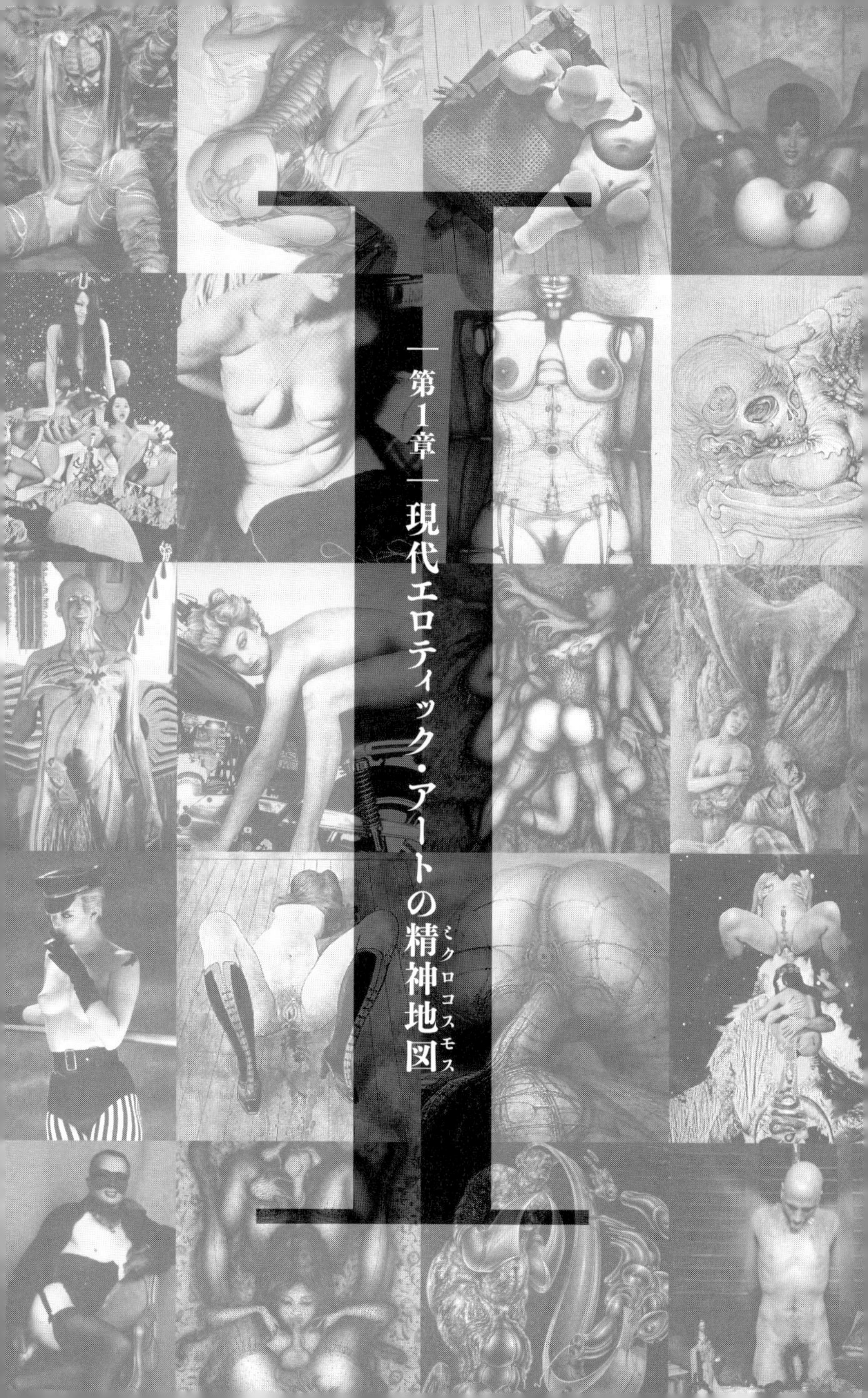

I-01

ハンス・ベルメール

女身解剖精錬夢

Hans Bellmer

アンドレ・ブルトン、ポール・エリュアール、ジョルジュ・バタイユら錚々たる文学者に称賛され、日本でも瀧口修造氏、澁澤龍彥氏や種村季弘氏の紹介により球体関節人形のパイオニア、二十世紀エロティック・アートの魔王としてある種の美術愛好家には定着した感のあるハンス・ベルメール（ポーランドのカトヴィツェ生まれ、一九〇二〜七五年）は、ドローイング、版画、人形、写真といった幅広い表現において、つまるところ、女という「イマージュの解剖」と、エロティックな解体・再構築を繰り返す空想的女体改造実験に終始したとはいえまいか。彼のエロティシズムは、いみじくもバタイユが見抜いたように「たんに対象が現前するだけでなく、対象の変形が可能となるときに目ざめさせられる」のではなかろうか。

つとに澁澤氏と種村氏が言及したことであるが、ベルメールは家庭で暴君として振る舞うナチス心酔者の父親に対し激しい嫌悪と憎悪を覚えたことから、男権的社会で有用となる日常的身体の統一を徹底的に解体することを目論んだ。組み上げて作っているというよりは、むしろ破壊しているといった印象の色濃い彼の二種の人形作品に、この解体への危険なベクトルは特に際立っている。ベルメールは、いまだ実社会には

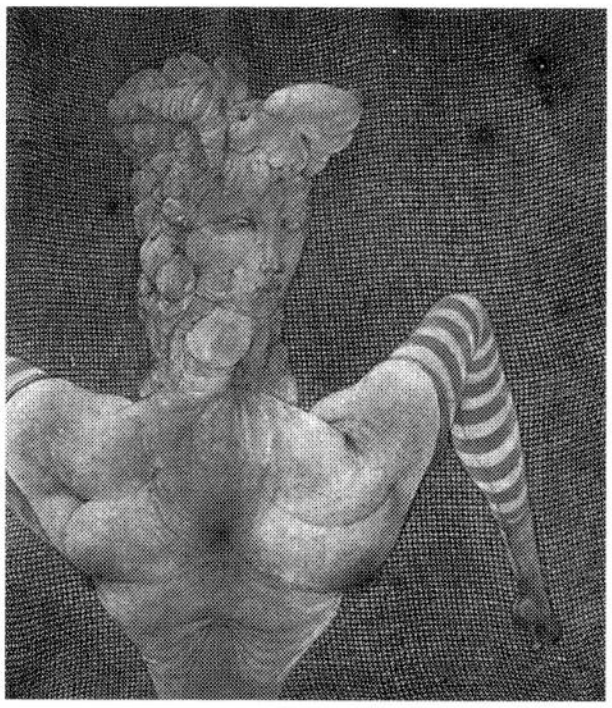

02

01

04

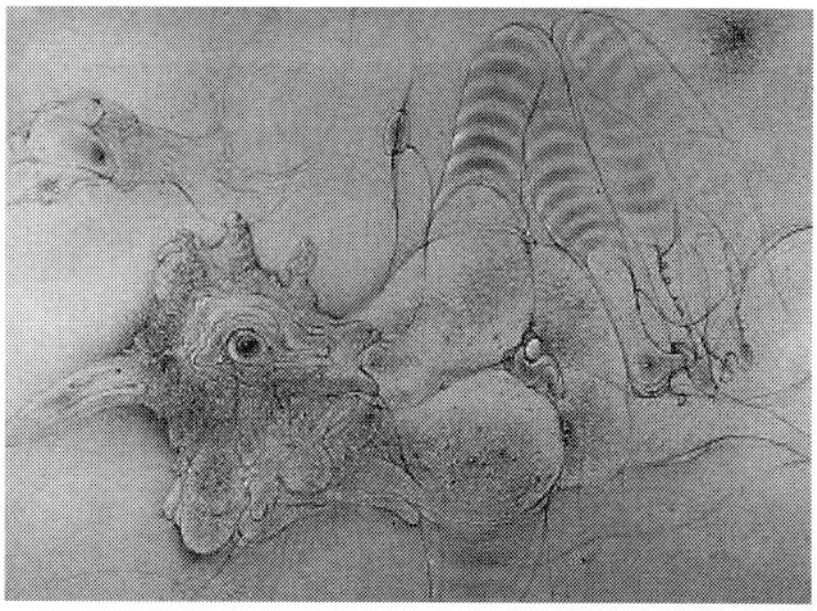

03

01.
「人形遊び」1949刊の著者による着色写真集より /
ハンス・ベルメール人形写真集『ザ・ドール』(2011, エディシオン・トレヴィル) 所収

02.
Iridescent Cephalopod. (CNAC ; photograph J.Hyde, Paris) /
Peter Webb with Robert Short, *HANS BELLMER* (1985, Quartet Books, London) 所収

03.
The Cock or the Hen. Drawing in coloured crayons, 1960 / 同書所収

04.
Common Sense. (Victor Arwas Collection, London; photograph Jody Boulting) / 同書所収

何の役にも立たない非生産的な子供の遊びか、反社会的でさえある享楽殺人のごとく、女人の形をばらすことにいそしんでいるかにも思われる。

　女体に向けられた犯罪的なまでのサディズムは当然ながらベルメールのドローイングや版画作品にも見られるが、人形作品同様、特にその傾向が強くあらわれているのは、分裂病を患いながらも彼の最後の恋人となった、アナグラム詩人であり画家でもあるウニカ・チュルンをモデルとした一連の緊縛ヌード写真であろう。それらは通常の緊縛写真とは異なり、被写体の顔はフレームによって切り取られるか、ぼかされて、おそらくは被虐の喜悦に酔い痴れているであろう女性の表情は窺い知れない。苦辱に晒される女の情緒の変化はまったく意に介されず、肉体の造形的な変容のみに関心が集中する。凶器のような細い紐できりきりと縛り上げられ、波打って連なる女肉の小丘群へと変貌した、弛んだ裸身は、ときに頭部も手足も奪われて抽象的な肉の塊と化してしまう。毛布の上に投げ捨てられた、その肉のオブジェは、やはり色情的犯罪の犠牲となった無残な遺棄死体を髣髴とさせる。中年に達した恋人を被写体とするこのプライベート・フォトには、女体のパーツへの還元を突き抜けた、女体の肉への還元に傾くさらに非情な分断・切断のベクトルがくっきりと刻印されている。

　ベルメールは、サディズムを危険域にまで加速させることによって、細い紐で分断された裸身の彼方にエロスの新たな風景を幻視しようとした。同様に、人形制作においても、身体パーツの解体だけでなく、腹部、脚、腕、臀部、乳房、頭部などのありえない奇抜な組み換えを試み、解体と再構築を頻々と繰り返して、エロティシズムの異次

05

06
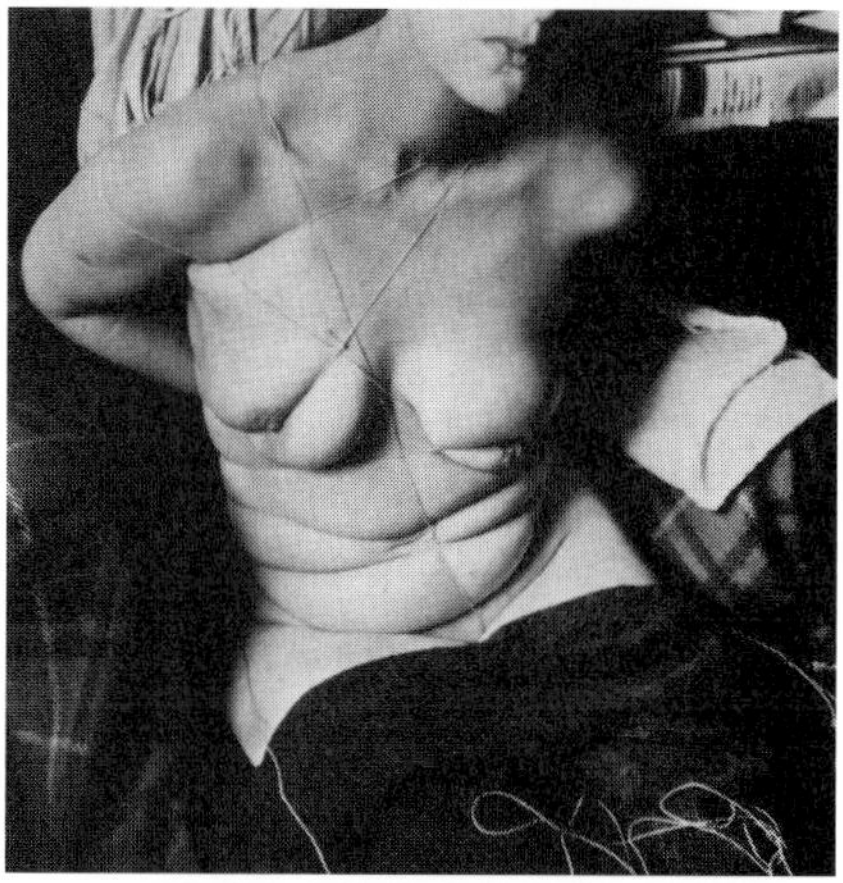

07
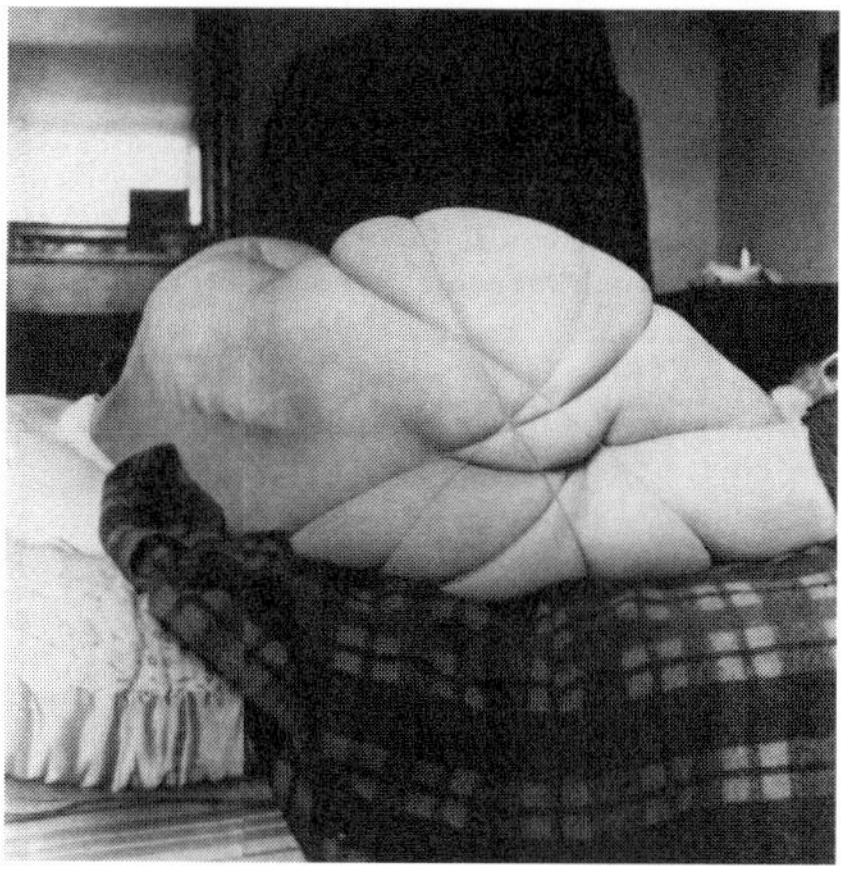

05.
The Doll.
Sculpture in mixed materials, 1934〜46 /
Peter Webb with Robert Short,
HANS BELLMER
(1985, Quartet Books, London) 所収

06.〜07.
Unica Zürn. Photograoh, 1958 /
同書所収

元を開示する快楽女身の理想像を模索した。

そして、女のイマージュの解剖とエロティックな女体改造実験のために考案された手法は、立体である人形作品からドローイングや版画など平面作品に目を移すなら、さらに進展させられているのがわかるだろう。

頭部と臀部と脚部の組み合わせを基本構造とする「頭足類」のシリーズはときに頭部が省かれたり、腕と脚、あるいは臀部と乳房が交換されるが、この奇怪な原始生物的女獣は、たとえいかに異様な変容を蒙っていたとしても、やはり画家の快感原則に則った楽園の女のイマージュと見るべきなのであろう。ベルメールは人形制作で試みられた解体と再構築の実験を突き進めて、女体をエロティシズムのためだけに純化しようとする。

一方でまた、ベルメールは、繊細な線と線の製図的交叉から濃密なエロスのイメージが浮かび上がってくる六十年代の銅版画作品において、スーパー・インポジション(二重焼きつけ)、あるいはダブル・イクスポージャー(二重露光)の技法を駆使するようになるだろう。女陰と目(瞼)は眩暈と戦慄のうちに二重化され、時間経過とともに変化する多彩な淫行の実践は同時に投影され、複数のエロティックな体位も重層的に一つのイメージのなかに実現される。アラン・ジュフロワがいうように、そのとき女の肉身はまさに「エロティックな妄想の万華鏡」となるだろう。

ベルメールは父性的外界を嫌悪し憎悪したのと反対に、幼いころより母性的胎内を思わせる居心地よい心的世界に焦がれ続けたといわれる。その心的傾向は、実の母マ

09

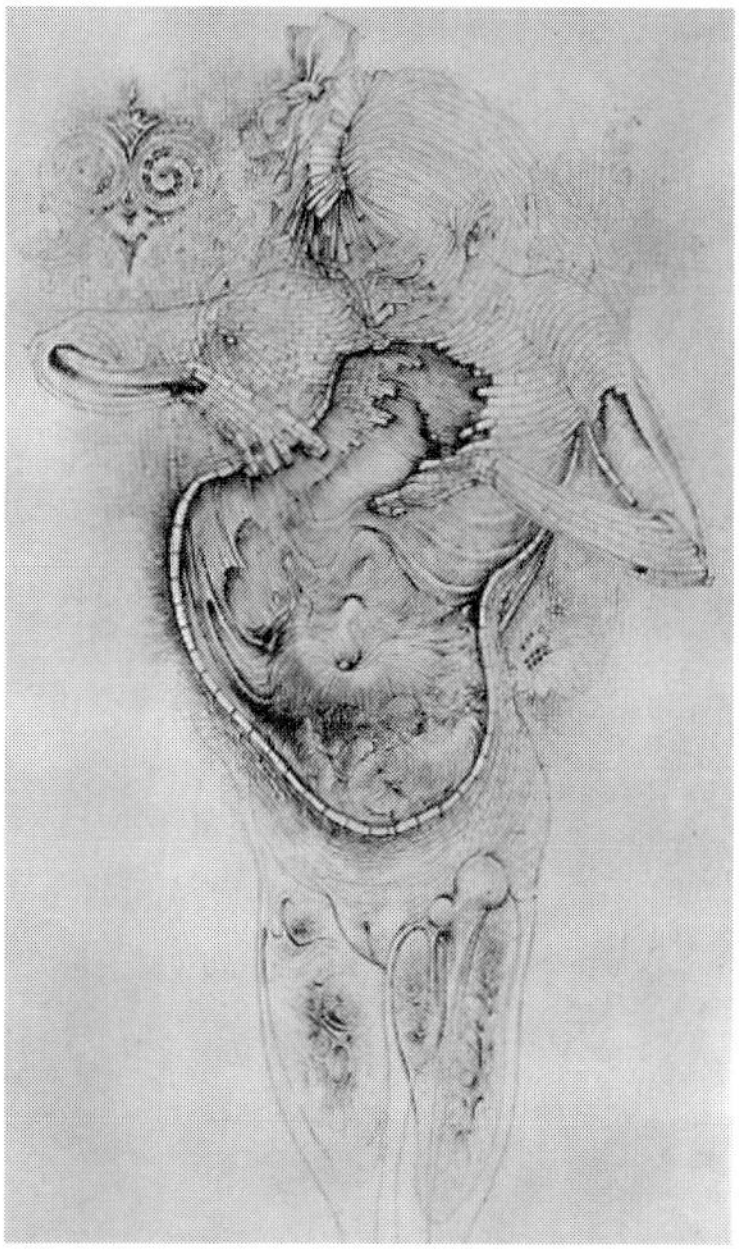
08

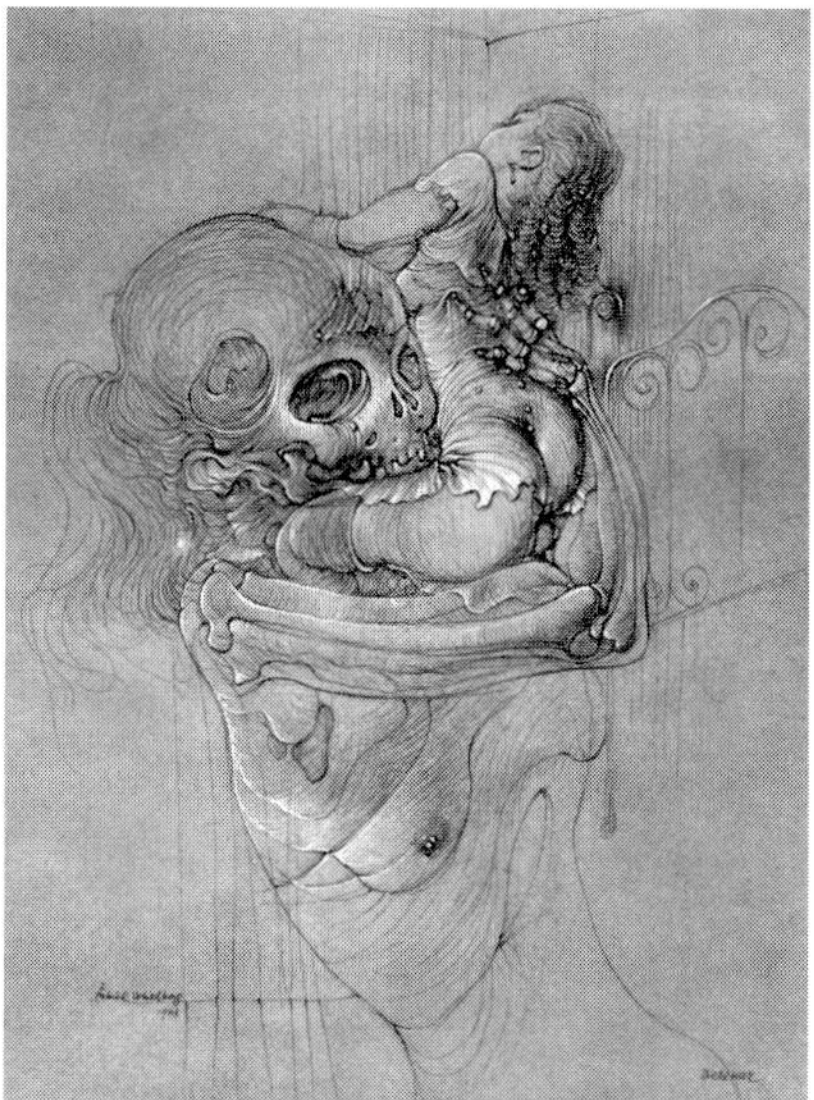
10

08.
「夜ひらく薔薇」1966 /
『HANS BELLMER −骰子の七の目− 2』
（2006, 河出書房新社）所収

09.
「マダム・エドワルダ」1955～1965 /
同書所収

10.
「髑髏と少女」1963 /
同書所収

リアへの月並みだが強烈なマザー・コンプレックスにわかりやすすぎるかたちで反映されているだけでなく、たとえば、ベルメールが数多の乳房を垂らした古代母神像「エフェソスのアルテミス」にことのほかこだわって、その豊穣の増殖原理を自らの女体幻想にとり込んでいることなどからも読みとれるかもしれない。また、比較的近年の研究（"THE ANATOMY OF ANXIETY" The MIT Press, 2000）で美術史家シュー・テイラーはベルメールの緊縛テーマに関して母親や恋人との事実関係を参照しつつ興味深い見解を表明し、動けないように拘束することは母との幼児期における分裂・分離の無意識的恐怖を緩和するのに役立ち、緊縛に用いられる紐やロープ、さらにはベルメールがしばしば好んで描く縞模様やストライプ模様はかつて母子をつないでいた臍の緒の象徴と見ることもできると指摘した。

ハンス・ベルメールは女体のイマージュの解剖と快楽女身の改造を一貫して追求してきたわけであるが、あるいはそれは、現状の生身の女性に対し、エロティシズムの観点から不安定と不完全を感知したからなのかもしれない。だとすれば、現状の女の身体は変形と組み換えにより再編・再構築されて、理想的官能女神（母神）の真の完成形へと精錬されねばならないだろう。しかるに、それは人の手によって易々と実現できるたぐいのものではない。芸術家の制作行為が、見ようによっては、女のイマージュに向けての飽くなき探求と実験の繰り返し、エロスの全き至福への希望のベクトルの提示にとどまるとの印象を拭い去れずにいるのはそれゆえなのかもしれない。

12

11

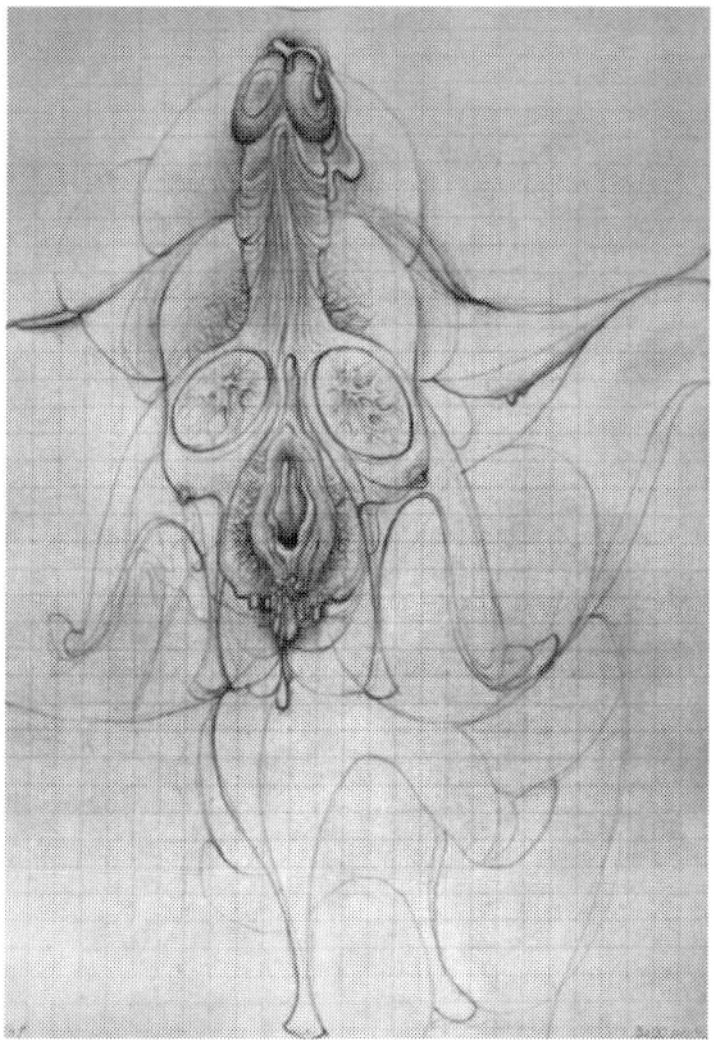
14

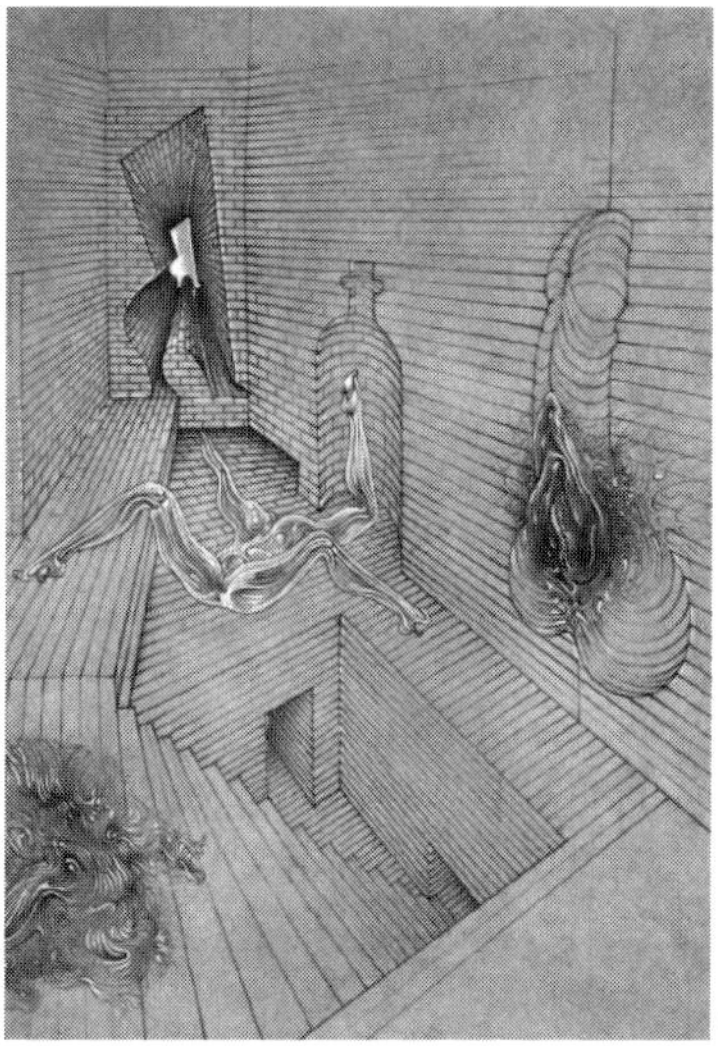
13

11.「シャボン玉」1934 /『HANS BELLMER –骰子の七の目– 2』(2006, 河出書房新社) 所収

12.「食いしんぼうの少女たちうを称える胡椒入り薄荷の塔」1942 / 同書所収

13.「地下室」1946 / 同書所収

14.「髑髏」1961 / 同書所収

I-02

ピエール・モリニエ
狂奔綺淫のシャーマニズム

Pierre Molinier

早逝した妹の亡骸に絶望の涙と共に堪え切れず噴出させた苦悶の淫液を滴らせ、日頃よりストッキングに溜め込んでいたおのがスペルマをみだらな絵に塗りつけ、老体に鞭打ってヴァンプ風の女装淫戯に恍惚となり、ついには拳銃にて口腔を撃ち抜くという壮絶な予告自殺をもって自らの生涯を完結させた、シュルレアリスム最大のスキャンダリスト、ピエール・モリニエ(一九〇〇〜七六年)。フランス西南部の地方都市アジャンで生まれ、後にボルドーに移って孤独のうちに制作活動を続けた彼の生涯は、何人も決して及ぶことがかなわぬ、常軌を逸した性の夢魔的スタイルであり、また、奇跡的に翻訳されたピエール・プチによる評伝『モリニエ、地獄の一生涯』(人文書院、二〇〇〇年)を通読すれば、おそらく何者も追随しえないであろう戦慄の激流そのものと納得せざるをえまい。同様に、アンドレ・ブルトンに「眩暈の巨匠」と称賛されて世に知られるようになった彼の絵画作品とフォトモンタージュも、高等芸術という観念をあざ笑うかのような危険極まる猛毒といえよう。多様な性表現に慣れ倦んだ現代人といえども、モリニエの生涯と作品に近づくには、やはり、尋常ならざる覚悟がいまだに要求されるかもしれない。

02

03

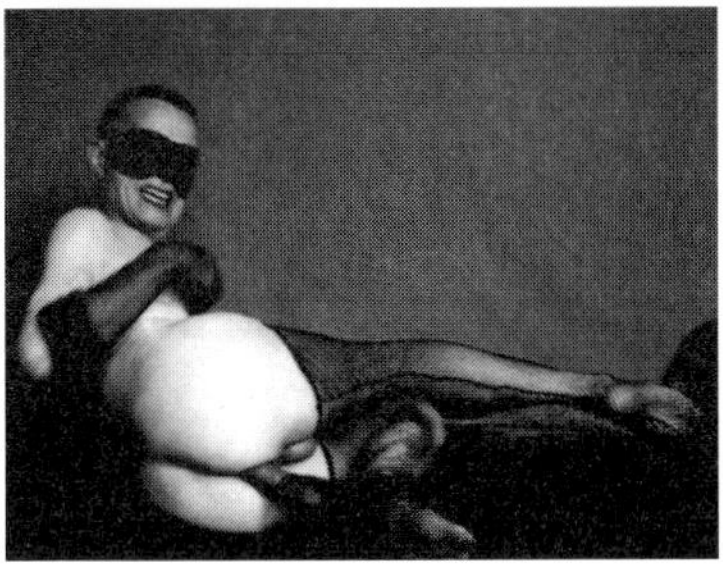

04

01

01～04.
MOLINIER,
Cent photographies érotiques ;
IMAGES OBLIQUE (1979, Borderie)
所収

モリニエのフェティシズムにおいて至宝ともいうべきものは黒絹の網ストッキングと踵の高いハイヒールを履いた女の脚であり、彼のミューズの典型はそれにコルセットを組み合わせ、マネキンのごとき派手な化粧を施したスクブス（淫夢女精）風の凄艶な妖婦である。彼の絵画の代表作では、複数の女の脚が入り乱れ、妖婦はアクロバティックに身をくねらせ翻して、欲深く膨張した男根（あるいはディルドー）を深々と受け入れつつ、欲望の沸点で一心不乱に性宴に耽溺する。モリニエの猥雑はつねに破壊的であり、肉欲に没し切った女らと女体のパーツは互いをサディズムの餌食にしながら一塊の淫肉へと凝縮していく。ときにこの奇妙な女肉の集積はインドの神像を髣髴とさせることもあるし、また淫靡で魔的な紋章への結晶化を予感させることもあろう。

このようなモリニエの絵画作品にも、後のセルフポートレートのフォトモンタージュにて爆発的に展開される乱倫の両性具有者は垣間見れるが、いまだその姿は無尽蔵の性力を惜しみなく撒き散らすエロスの超越者のごとき威容を隠したままである。モリニエが黒ストッキングとコルセットとハイヒールでみずから女装し、フェティシズムとナルシシズムを混淆して完成させた貪婪な両性具有者のヴィジョンに到達したのは、驚くべきことに、七十代の老境に至ってからであった。（十代のときからすでに女装癖はあった）フェティッシュな女装を決め込んだモリニエは、年老いてなお屹立の誇りを忘れない男根を奮い立たせ、いやらしく裂け目をのぞかせた女陰を露出し、ときにハイヒールの踵に括り付けたディルドーで肛門オナニーに耽っている。彼はそこで、歓喜から狂乱へと昂揚していくかにも見える不気味に陽気な笑みを絶やさない。このただ異様というだけではすまされないような性的オルギアの光景を、モリニエは

06

05

07

05〜07.
Molinier,
Cent photographies érotiques ;
IMAGES OBLIQUE (1979, Borderie)
所収

夥しい数のフォトモンタージュに焼きつけたとおぼしい。そして、彼の死後、それらのプライベート作品群は厳選されて、フランスのボルドリ書店からイマージュ・オブリック叢書の四冊目（一九七九年）として瀟洒な装いのもとにまとめられた。

あらゆる禁忌を意に介さず欲望を全面開放したような、この空前絶後の淫奔記録集成を眺めていると、放埒な姿態を演じ切ることによって、モリニエはかつて絵に刻印したスクブスをみずからの肉体に憑依させようと目論んでいるかにも思われる。だが、実のところ、真に彼がおのが身に呼び込みたかったのは、彼のミューズの原点ともいえる妹の魂であったのかもしれない。

妹ジュリアンヌは一九一八年、モリニエが十八歳のときに逝去した。いうまでもなく十代のモリニエにとって最大の衝撃であったばかりか、おそらくは生涯を通じて決して忘れることのできない出来事となったであろう。ガウンを羽織り、絹のストッキングを履いてベールに覆われた若く美しい死体の写真を撮影したあと、モリニエは一人になって、拙文の最初に記したように、彼女の脚を愛撫し、亡骸に乗っかって、あろうことか、その腹へと射精したのであった。

このような近親相姦的願望の異常な発露を考慮すると、やはり、モリニエはフォトモンタージュにて、他人の身体ではなく、妹と同じ血と彼女への激しい情熱で満たされたおのが肉体を憑代とし、最愛のミューズを召喚したいと無意識に望んでいたように思われてならない。すさまじい熱意を傾けた数多のフォトモンタージュ作品に、特殊な愛の密儀を透かし見ることも、あるいはできるのではなかろうか。

09

08

11

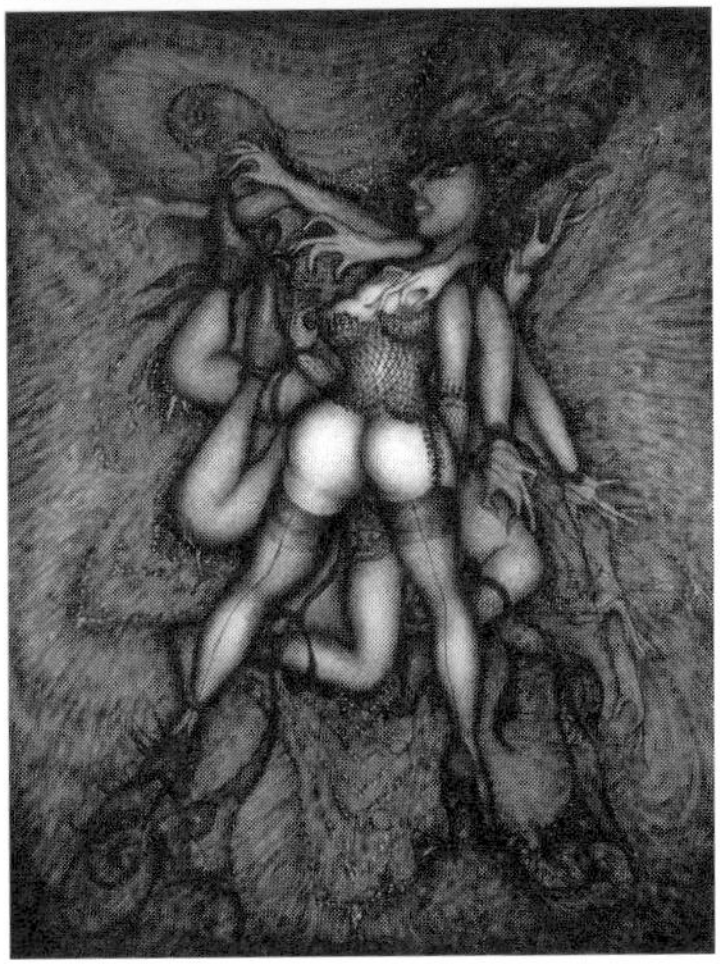
10

08〜11.
『ピエール・モリニエ画集』（2007, エディシオン・トレヴィル）所収さて、モリニエの生涯には神秘的な謎が二点ほど認められる。まだ若かった頃にモリニエは、彼のいうところに従うなら、十字軍の時代にまで遡り、テンプル騎士団の伝統に連なる自由思想家たちの秘密結社に加入した。これがまず一点である。もう一点は、その後しばらくたった頃の出来事であるが、ダライ・ラマに仕える二人のチベット僧がわざわざモリニエを訪ねてきたというのである。評伝作者によれば、この二つの神秘的な出会いが、モリニエの芸術にエソテリシズムへのベクトルを決定的に与えたというのはたしかなようである。無論それは彼の絵画作品にもあらわれているであろうが、セルフポートレートのフォトモンタージュはその撮影行為自体からして、すでに秘儀的とはいえまいか。モリニエは、スクブス風妖婦のアーキタイプであろうと、あるいは最愛の妹の幻影であろうと、いずれにせよ、理想とするミューズになり切って、みだらの混乱へと全心身を投棄する。そして、マニアック(狂熱的)な震撼の頂を通過して、彼は、自身の肉体の上で男性的性夢と女性的性夢を和解・共生・融合させ、エロスの両性具有的超越者の威容を獲得するのである。これは、エロスの常態からエロスの異態への更新なのではなかろうか。モリニエは、自分のタブローを写したモノクロ写真の裏に、いみじくも次のように記している。「創造するとは、際限なくおのれを反復することではなくて、みずからを無限に更新してゆくことにほかならない。」

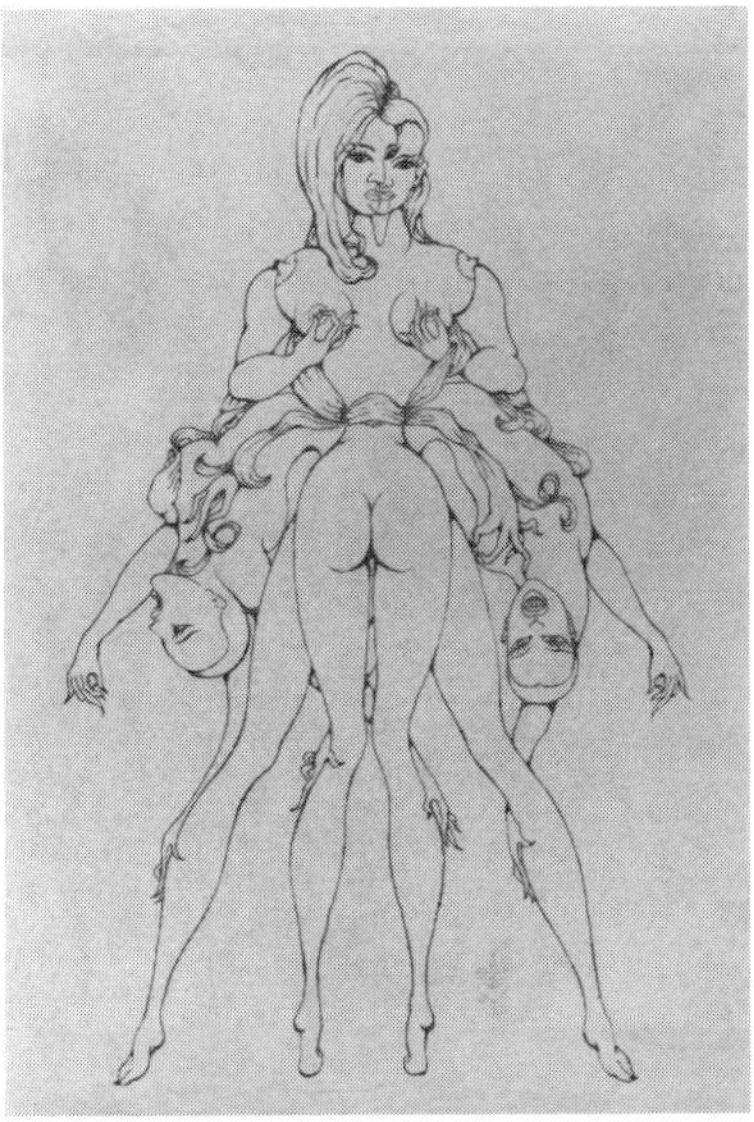

12

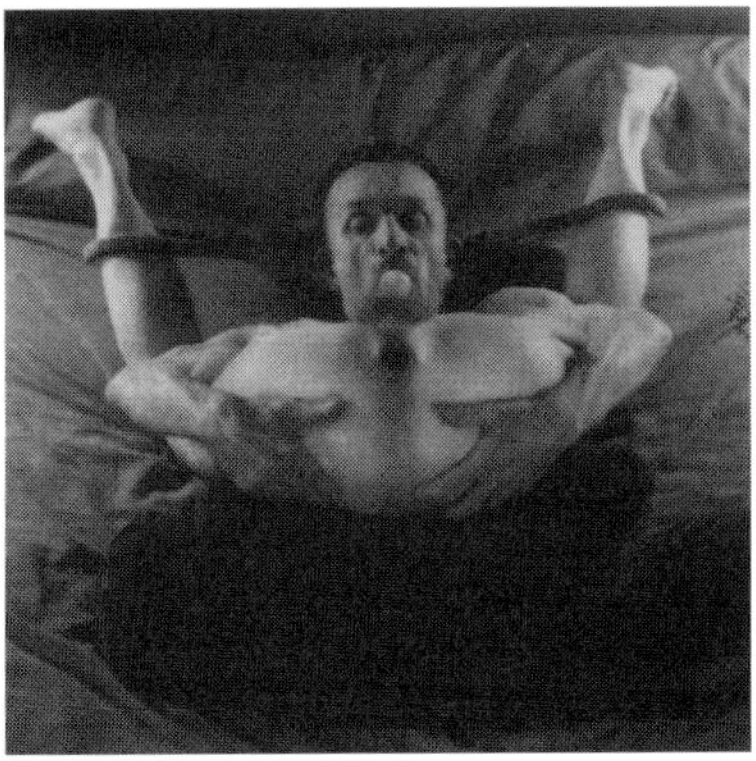

13

12.
Zeichnung zu "Das irre Glück" /
PIERRE MOLINIER, DER SCHAMANE UND SEINE GESCHÖPFE
(1995, SCHIRMER / MOSEL) 所収

13.
"le Joug" photo c.1970 © spadem-Courtoisie Pierre Bourgeade

I-03 ジャン・ブノワ 蛮人聖侯爵の残虐夢

Jean Benoit

シュルレアリスム傍系のアーティストでサドマゾヒズムやフェティシズムといった倒錯衝動に特別の関心を向けた人物というと、すぐに思い浮かぶのは、やはりハンス・ベルメールとピエール・モリニエであろう。しかるに、この二人に比べると日本でははるかに知名度が落ちるとはいえ、ここに紹介するジャン・ブノワも相当にアブノーマルな傾向を示す異貌のアーティストである。

一九二二年にカナダのケベックで生を受けたジャン・ブノワは四七年から夫人の画家ミミ・パランと共にパリに移り住み、五九年その地でアンドレ・ブルトンと出会って後期のシュルレアリスム運動に加わった。

とりわけ聖侯爵マルキ・ド・サドの文学に憑かれていたとおぼしきブノワは、「シュルレアリスムの法王」を知った同年十二月二日に女流作家のジョイス・マンスール宅で『マルキ・ド・サドの遺言執行式』と題した異様奇怪なパフォーマンスを執り行う。記録写真を見ると、ミサイルのごとき模造男根を装着したブノワはあたかも未開民族の儀式コスチュームのような奇装で登場し、今しもサドのダイモン（神霊）と交信し、わが身に呼び込もうとしているかに思われる。パフォーマンスは最後にブノワが自身の胸に灼熱した焼き鏝を当てSADEの文字の烙印を押すという狂熱のうちに閉じられたが、終了後、昂揚した画家

01

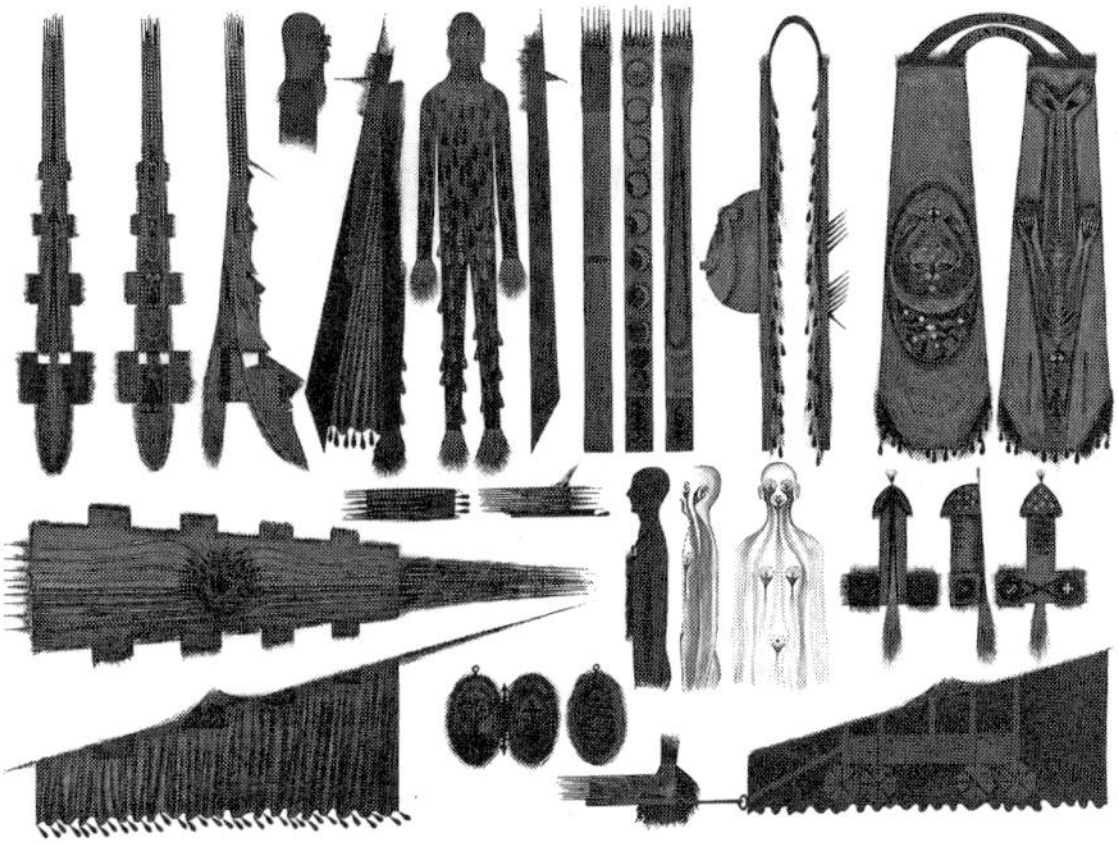
02

03

01.
Jean Benoît devant la panoplye du Costume pour l'exécution du Testament de D.A.F. de Sade, 1950 / ANNE LE BRUN, *JEAN BENOIT* (1996, filipacchi) 所収

02.
Dessio préparatoire pour la panoplie du Costume pour l'exécution du Testament de D.A.F. de Sade, 1949 / 同書所収

03.
Notes concernant L'exécution du Testament de D.A.F. de Sade 1950 / 同書所収

のマッタはブノワに倣い、胸をはだけて同じように聖侯爵の四文字を焼きつけたという。

このパフォーマンス記録からもある程度推察できるように、実のところ、ブノワにはサド文学の他にもう一つ重要な傾倒要素があるらしい。それは首狩りや皮剥ぎなどを想起させる未開的残酷幻想であり、六十年代後期から九十年代初期に制作された作品群のほとんどにその傾向が認められる。

七二年から七三年にかけて制作された代表作の一つ《アンドレ・ブルトンとフィリップ・スーポーの共著『磁場』の自筆原稿のための表紙》はもはや装丁の常識を完全に逸脱して立体作品と化しているが、そこでは魔族の小怪人と小魔犬らがあわれな生首に対して恐るべき皮剥ぎを敢行し、半ばほど皮を剥かれた犠牲首の正面では、豪華なマントを羽織った惨忍侯爵風の骸骨魔人がのけぞって屹立男根を握り締め、恍惚歓喜の頂点に昇りつめようとしている。鳥類への偏愛を一貫して隠そうとしなかったアーティストは生首の頭頂に猛禽類をとまらせて、惨たらしき淫靡の勝利を祝福する。身も凍るようなこの作品でブノワは、未開的残酷幻想によりサディズムを沸点にまで昂揚させようと試みている。

七八年作の《淫奔なものと遊具》や、六三年より九十年代まで断続的に制作された男根杖シリーズの一つ《倒錯の論理》(九一〜九二年)などにおいても、男根は奥深いジャングルあたりにひそんでいそうな小魔獣らをおびき寄せて、いかにも邪悪そうな彼らから淫虐のエネルギーを吸収し、張り裂けんばかりの膨張勃起を誇示する。

このようにブノワのエロティシズムはつねに残酷への郷愁に焦がれているので、男女の性愛をテーマにした作でも淫交は貪婪と加虐に黒く染め上げられている。マリー=ドロテ・

04

05

06

04〜06.
Emboîtage pour manuscrit des
Champs magnétiques,
d'André Breton et Philippe Soupault,
1972 / 73 / 同書所収

ド・ルーセに宛てられたサド侯爵の手紙から表題を取った《マドモアゼル、鷲という鳥は》（八二年、立体）では、華美で高貴で、しかし冷酷でもありそうな幻鳥と戦慄的な怪女との性愛儀式が髑髏の闇の上で執行される。幻鳥は覆いかぶさるように怪女を押さえつけ、鋭い嘴は脚を広げてぱくりと露呈した女の陰部へ、一方、女のおぞましく細長い舌は堪え切れぬ態で肥大化した鳥の男根へと向けられる。貪り合うがごとき性戯は獰猛な狩りの様相を呈している。

ジャン・ブノワの作品集は、かつてシュルレアリストの画集を数多刊行したことで知られるフィリパッキ社から一九九六年にまとめられた。（ジャン・ジャック・ポヴェール社のロベール・ヴナイヨン著『シュルレアリスムのエロティック』（六五年）やボルドリ書店刊行の大冊雑誌『オブリック』のサド特集号（七七年）にもブノワの作品は一部掲載されているが、作品集というのはおそらくこれがいまだに唯一のものと思われる）

ところで、そこに掲載されたアーティスト本人の写真に目を留めると、幾枚かのプライベート・フォトはしばしば悪戯好きの少年のような中年男性の戯れに耽る姿を写しており、奇妙な陽気さに包まれている。実をいえば、彼の凄絶な作品にも、不気味なまでの、からっとした明るさの印象がつき纏っているような気がしなくもないのである。つまるところ、ブノワの表現行為というのは悲哀感とも罪の意識とも無縁で、無邪気かつ無垢の状態のまま、ただひたすらに始原的な残酷のもたらす狂悦の充溢が追求されているのではなかろうか。彼の作品は、あるいはわれわれの思いもよらない魔域の精神原理に徹頭徹尾、貫かれているのかもしれない。

07.
1＝Jean rêve? Bande-au-ciel? A-saille?, 1963. Hauteur
2＝Vivre vit, 1993. Hauteur
3＝«Son sexe beau comme un hibou pendu par ses griffes», 1971. Hauteur
4＝Théorie de pervertsités, 1991/92. Hauteur /
同書所収

I-04

ジェラール・ガシェ
エロティック・アペイロンの幻影

Gerard Gachet

ジェラール・ガシェは一九三五年生まれのモロッコ出身、のちに東フランスのストラスブールを主な活動の拠点とし、独自のエロティック・ヴィジョンを追求し続けた画家である。描かれた幻想風景のすべてがまるで地続きのような印象を与える、不思議に静寂を湛えた明晰淫夢の世界は『デッサン集』と題して一九八八年にまとめられ、当時少部数ながらも精力的にエロティック画集・写真集を世に問うていた今はなきフランスのナティリ社から刊行された。女性の性器の細部にいたるまでを克明に描く緻密な作品群は本国フランスでも知る人ぞ知る態のものとおぼしいが、日本ではほとんど知られざる画家にとどまったままなのは何とも惜しい気がしてならない。

不眠症と告白する画家の冴え切ったまなこが夜明け前の聖時に幻視し、お気に入りの画材（ボールペンと鉛筆）にてその輪郭をくっきりと浮かび上がらせるのは、いわばエロティックな魔術的女権制原理に貫かれた〈女の王国〉、より正確にいうなら〈女陰の王国〉ということになろうか。その王国はおそらくは画家自身の女性の性の核心に対するオブセッションにことごとく染められて、途方もない魔女陰がいたるところはびこっては宿り、浸蝕のかぎりを尽くしている。何を差し置いてもまずは、驚異的な変容を被って

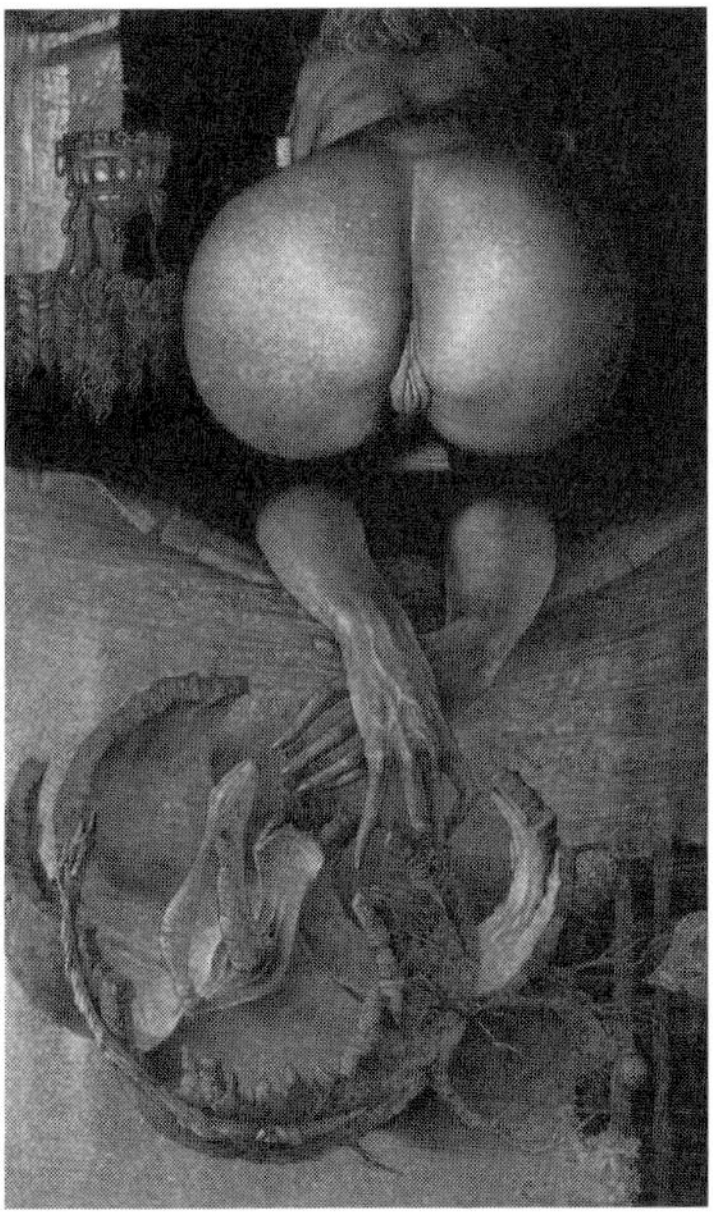

02

01

01～02.
Gachet, *DESSEINS*（1988, Natiris）所収

威容を増した女性器の遍在をこの王国の最も顕著な特質として挙げねばなるまい。

女性の性器は画家によってどうやら一つの独立した生命体として夢想されており、さらにいうならば、古代ギリシャはイオニア派の自然哲学者アナクシマンドロスが思案した無限定で不定の根源物質アペイロンのごとく、生きていて自らが運動・変容し王国のあらゆるものを産出する始原の物質のようなものと想定されているようでもある。

魔性の女陰は、それが女性の身体に収まっているときでさえ、みずからの勢力を誇示するかのごとく異様な肥大化を展開し、その裂け目を腹部にまで拡張したり、下半身のほとんどを性器化して頭部ほどの大きさのクリトリスを曝け出したりする。それは身体の他の部位に転移することもあり、背中に突如みだらな裂傷を生じさせたり、上半身のすべてを占拠してしまったりもする。

だが、それが一個の性器怪物としてあらわれるときはより一層形容しがたい様相を呈するだろう。ときにそれは複数の女性器の集積となる。常軌を逸した例を一つ挙げるなら、それは巨大なヴァギナの窪みからぬっと顔を出した亀のような形をなして、しかもその喩も口腔もグロテスクな女陰と化している。


あるいはまた、女性器の魔力は古き時代の木造廃船やらゴシック調の古建造物などにも及び、それらと融合しようとするが、ここで特に重要と思われる融合形態は樹木や根茎とのそれであろう。そのとき、幻想の子宮は大地の創造力をとり込んで、女と植物のエロティックなハイブリットを再生させる。

ところで、〈女の王国〉あるいは〈女陰の王国〉と聖樹との深き関わりは、たんなる画

04

03

03〜04. 同書所収

家の想像にとどまるものではなさそうである。通史的で総括的な大冊のディオニュソス研究で知られる古代ギリシャ・ローマ宗教史の碩学アンリ・ジャンメールが指摘するように、ヘーラーや特に「樹木の貴婦人」といわれるアルテミスのような女性神格にまつわる太古の神話と祭儀においては（その祭儀は女司祭と女性信者のみの儀礼集団で執り行われた）、オルギア的実践と共に宗教的霊力をもつ樹木の崇拝が密接に関わっていた。女神崇拝を執りしきるマニア（狂熱）的女性信者集団（ある意味でこれは〈女の王国〉といえまいか）と聖樹崇拝との強固な絆は、非常に古い宗教的過去に根ざしているらしいのである。（ディオニュソス崇拝における葡萄樹崇拝とオルギア的性格はこれら太古の女神崇拝を継承したといわれる）

さて、このようなエロスの女性原理的王国に住まう種族は、やはり、主に官能性を思うがまま発揮した女たちや、古風な古典肖像画を髣髴とさせる繊細で豪奢な衣装、装飾品を身に纏った王侯貴族風の幻女人らである。彼女らは、しばしば魔女陰の勢力と幻想聖樹の勢力の影響を受けて激しい怪奇的変容に晒されている。だが、彼女らは二つの神秘的な勢力に逆らうことなく静かに変容を受け入れて、太古的な調和に満たされた広大な領地で人間と自然、生と死、個と全体が未分化の原初的生を至福のうちに謳歌しているかにも見える。

『デッサン集』に収められた解説風ノートでその執筆者はガシェの絵画をviolent（激烈）ではあっても決してcruel（惨酷）ではないと記しているが、これはこの画家の世界観に対する非常に的を射た指摘といえまいか。

06

05

05〜06. 同書所収

I-05

シビル・リュペール
快虐のイニシエーション

Sibylle Ruppert

惨虐と狂暴と貪婪な淫欲が渦を巻きながら画布に定着され、悶絶する肉体のダイナミズムを際立たせる。官能は戦慄と絶望の牢獄に囚われて打ち震え、やがて汚穢にまみれて狂乱をきたすだろう。女性幻想画家シビル・リュペールは、ルサンチマンとサディズムの猛毒に染め抜かれた暗黒の異域を描き続けた。

リュペールのサディスティック・ヴィジョンにおいては、しばしば、引き千切られた人体や性器官と臓物のごとき肉片、さらには張り詰めた筋肉の塊が何か強力な磁場に吸い寄せられるように犇めき合い、そこで蠢動しつつ互いに淫らな浸蝕を繰り返す。張り詰めた男根は半壊状態の筋肉体へと突き立てられ、飢えた舌はアヌスを貪り、女陰を思わせる肉質の裂け目は無作法に掻き毟られ、そこかしこに快楽と苦痛に歪み引き攣った顔面が認められることもあろう。男性的肉凸部はただひたすらに刺し貫き、女性的肉凹部は見境もなく喰らいつき呑み尽くそうとする。ときに、男女の性器官は完全にサディスティックな武器と化してしまうだろう。

このように、リュペールの描く性愛のシーンは、いわば性戦の地獄絵であり、常軌を逸したセックスの悪夢である。あるいはそれは、いうなれば、エロスのイニシエーションのようなものなのかもしれない。極度にエロス化されているとはいえ、周知のように、肉体の責苦、身体の切断や細切れの疑似体験、生のカオティックな状態は、シャーマン的イニシエーションの特徴としてつ

02

01

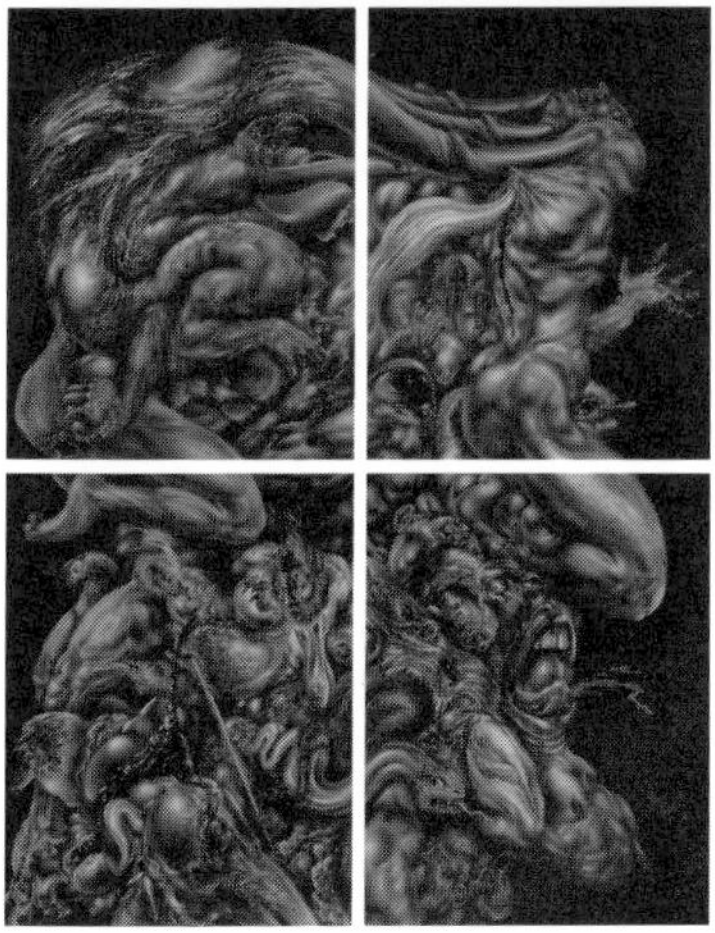

03

01.
To Your Command!, 1976 /
BIOMANNERISM（1997, トレヴィル）所収

02.
Sandy Candy, 1984 / 同書所収

03.
The President Curval, 1977
（for D.A.F. Marquis de Sade）/ 同書所収

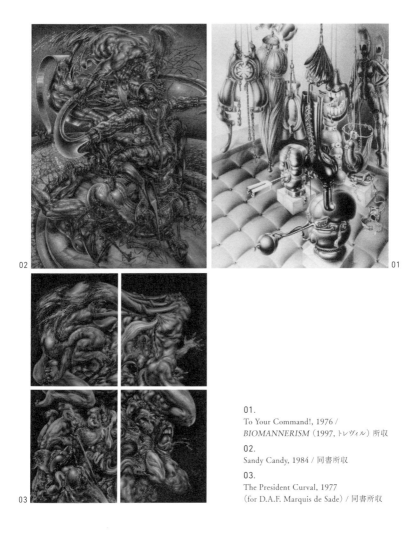

とに挙げられる点である。ばらばらにされた身体部位と性器官は凄絶な性戦のカオスに投げ込まれ、サディズムの猛威に晒され、野蛮な交わりの悪夢を通過して、もはや死をも生の一部に組み込んでしまいかねない強靭なエロティック・ボディとして再生を果たすのであろうか。

どことも知れぬ異域では、邪悪な精霊のごとき幻想生物が破壊の資質を剥き出しにして跋扈する。そのような絶望的状況のさなか、ときに、半壊の試練に身じろぎする人間が苦悶に耐えつつ綺想のマシーンと合体融合しようとする姿が見られる。それは、今のところ、再生というにはあまりにも無残な痛ましい態をなしている。しかるに一方で、その様は、破滅的な苦虐を自らのうちにとり込みながら、マン＝マシーン化の果てに新たな生のステージへと至る可能性を模索しているかにも見える。そこに、苦痛と恐怖と狂気の彼方に予感されるであろう、未知なる歓喜の萌芽を垣間見ることもできるかもしれない。

＊

シビル・リュペールは一九四二年、日毎に空爆の激しさの増していくフランクフルトで生を受けた。そのため、育児室と間に合わせの危ういシェルターを行ったり来たりの危機的な環境で生誕間もない時期を送ることとなる。戦時中一家は悲惨な生活を強いられたが、戦後、ある貴族の家庭に引き取られ、シビルは夢のような子供時代の一時期をその貴族の所有する城内で過ごすことができた。

グラフィック・デザイナーであった父親の影響もあって幼いころより画家になる希望を抱いていたシビルは、六歳のとき、後年の凄惨な表現を黙示するかのごとく、顔を殴りつける握り拳

04

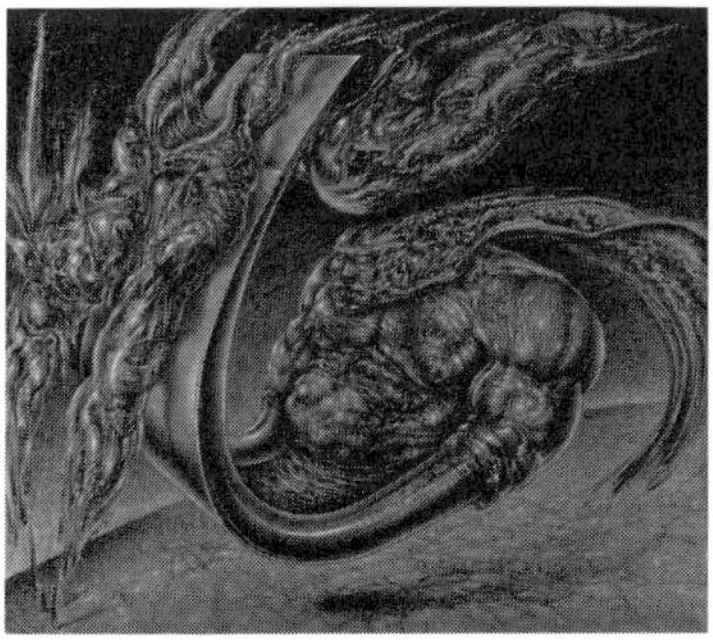

06

05

04.
Zweiteilig, 1981 /
HR GIGER & S RUPPERT
（1995, Kunsthalle Gießen）所収

05.
Mischtechnik auf Textil, 1983 / 同書所収

06.
Der Chef Kommt, 1983 / 同書所収

の絵を描いて周囲を驚かせたという。

一時はカトリック教会の荘厳な装飾に惹かれ、修道女となる道も考えたが、バレエ・スクールとアート・スクールに通ったあと、シビルは十八歳で画家を目指し単身パリに赴く。ダンサーの仕事で生計を立てながら制作活動も続けていたが、やがてダンサーの仕事からは身を引き、フランクフルトに帰郷して、父親の設立したアート・スクールでドローイングの指導に当たった。

一方で、みずからの制作にも励み、マルキ・ド・サドの闇黒文学にインスピレーションを受けた連作に着手する。それらは、現代のエロティック・アートにも造詣の深い評論家ペーター・ゴルセン、テオドール・アドルノ、そして後にシビルの夫となるホルスト・グレーザーのようなドイツの知識人らの評価を得た。彼女の名は徐々に美術界で知られるようになり、フランクフルトで初個展も開催された。

一九七六年には再びパリに移住し、個展を企画して、サド、ロートレアモン、ジョルジュ・バタイユの文学作品に想を得た大きな木炭画を出品する。フランスにおいても、一部ギーガー・ティストとも通じ合うようなシビル独自のサディスティックな魔的様式は、ロブ・グリエやアンリ・ミショーなど著名人から高く評価された(ギーガーとの二人展もかつて開催されたことがあり、ギーガーのプライベートなアート・コレクションの中にはシビル・リュペールの作品も含まれている)。

八二年、懇意にしていた画廊のクロージングを機にシビルは美術指導の仕事に戻り、刑務所、精神病院、ドラッグ・リハビリテーション施設の美術教室で教職に従事する。そして、その後、彼女は公の場から退き、パリで静かな隠遁生活に入ったと伝えられる。

07

08

07.

Zweiteilig, 1981 / *HR GIGER & S RUPPERT*（1995, Kunsthalle Gießen）所収

08.

Mischtechnik auf Textil, 1983 / 同書所収

I-06

ジャン＝マリー・プメロル
魔子宮の悪夢、あるいはおぞましき肉塊の沈黙

Jean＝Marie Poumeyrol

ジャン＝マリー・プメロル（一九四六年、フランスはジロンドのリブルヌ生まれ）は、エロティシズムの表現者というよりは、むしろ、不吉に静まりかえった廃屋や日常の荒廃風景を描く無人幻想の画家として記憶されているかもしれない。しかるに、彼も制作活動の初期には、そこかしこにハンス・ベルメールの影響を忍ばせる、おぞましい女肉の腐臭が匂い立つようなエロティック絵画群をこつこつと描いていたのである。それらは主に一九七〇年代に制作され、最初期に集中して描かれたもののの多くはエリック・ロスフェルド社より刊行された七二年の画集に収められている。そこに垣間見られるプメロルのエロティシズムは見る者を心地よい快夢で慰撫するような類いのものではなく、むしろグロテスクと悪夢に染め上げられているといえよう。

そもそも、プメロルが描く典型的な女体のプロポーションからして、必ずしも魅惑的とはいいがたい。それは、バランスを欠くほどに下半身と、特に臀部が強調されている。プメロルの女たちはスタイルのよい現代の女性像からはほど遠く、明らかに「ヴィンレンドルフのヴィーナス」のような豊満妊婦体型の太古の母神像に近いといえよ

02

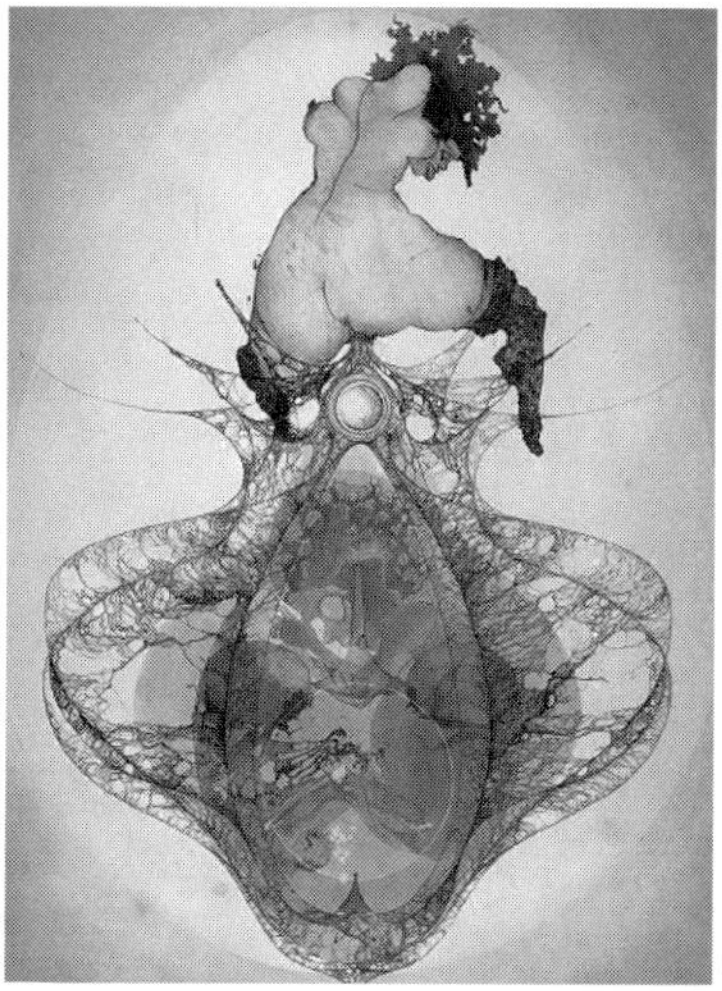
01

04

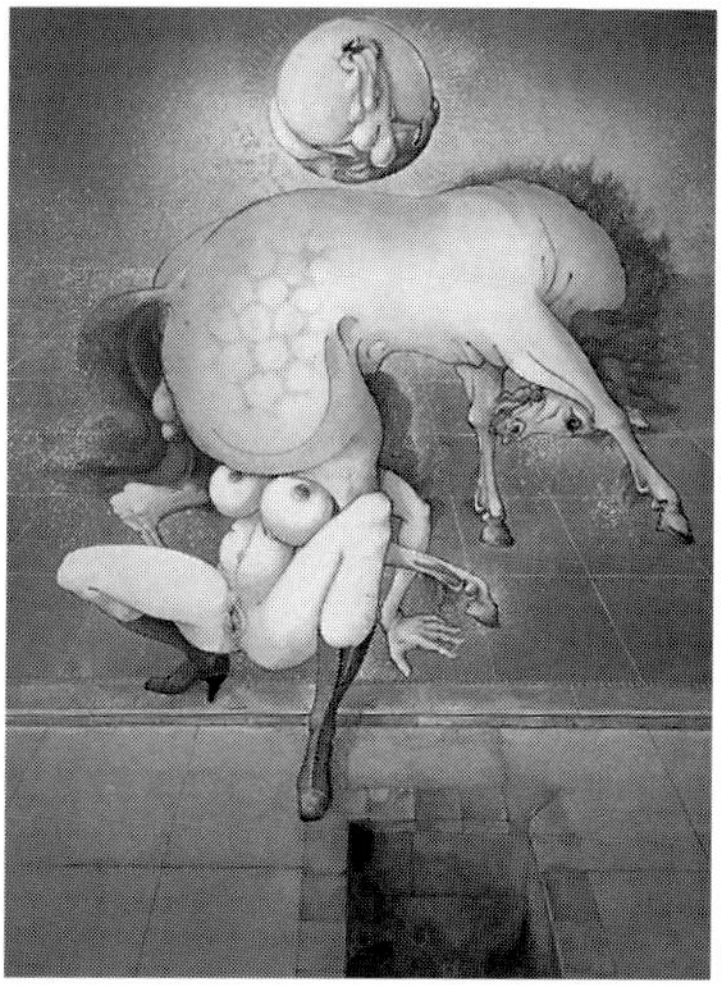
03

01. MATERNITÉ, 1970 / *DESSINS ÉROTIQUES* (1972, ERIC LOSFELD, Editeur) 所収
02. L'INSTITUTRICE, 1970 / 同書所収
03. L'ÉCUYÈRE, 1970 / 同書所収
04. L'FOUDRE, 1971 / 同書所収

う。ときには、臀部のみに還元された、あるいは上半身を圧し潰され頭部を失って半腐乱死体と化した、母性の悪夢の凝縮体のごとき不気味な肉オブジェも見られる。

さらに、怪奇出産幻想を扱ういくつかの作品においては母性の悪夢が母胎の悪夢にまで発展し、魔子宮は戦慄そのものを産み出すだろう。身体の輪郭を歪められたある妖女は下腹部から繊細美麗な膜で覆われる透明な卵を産み落とし、そこには畸形的な胎児が宿っている。あるいは、四本の腕をもち、妊婦のごとき腹部に大きく裂けた女陰を晒すある怪物少女は股間の奥から数メートルにも及びそうな数本の細紐を放出し、その先では彼女の忌まわしき子とおぼしい化け物蛙が這いずり回っている。あるいはまた、緊縛遊戯の中途に半裸の態で放置されたある女性の恥部からは、蠢く廃棄臓物のごとき肉の連なりが煙のごとくもくもくとあらわれて浮遊する。(それには、多面体を内包する謎の透明球体が付着している)

触れるのをためらうほどに気味の悪い、この臓物的浮遊体は女性のうちに秘められたカオティックな本質と見ることもできるかもしれない。そして、女性から湧出する本質としてのカオスはより具体的な形で現れることもある。それは、女性の影－分身としてグロテスクな姿をあらわにする。それはやはり、形の崩れた臀部やら、切断された乳房やら、女性器の襞やら、女淫肉に呑まれた男根やらの無造作にかき集められた、驚くべき肉の集積である。男根は、この場合、女性の柔らかい肉のエロティックな混乱を深化させる付属物にすぎないといった印象を受けるだろう。プメロルの作品においては、しばしば男性的要素は卑小な男性器に還元されて、女性的エロスの魔夢に吸収されてしまうのである。

06

05

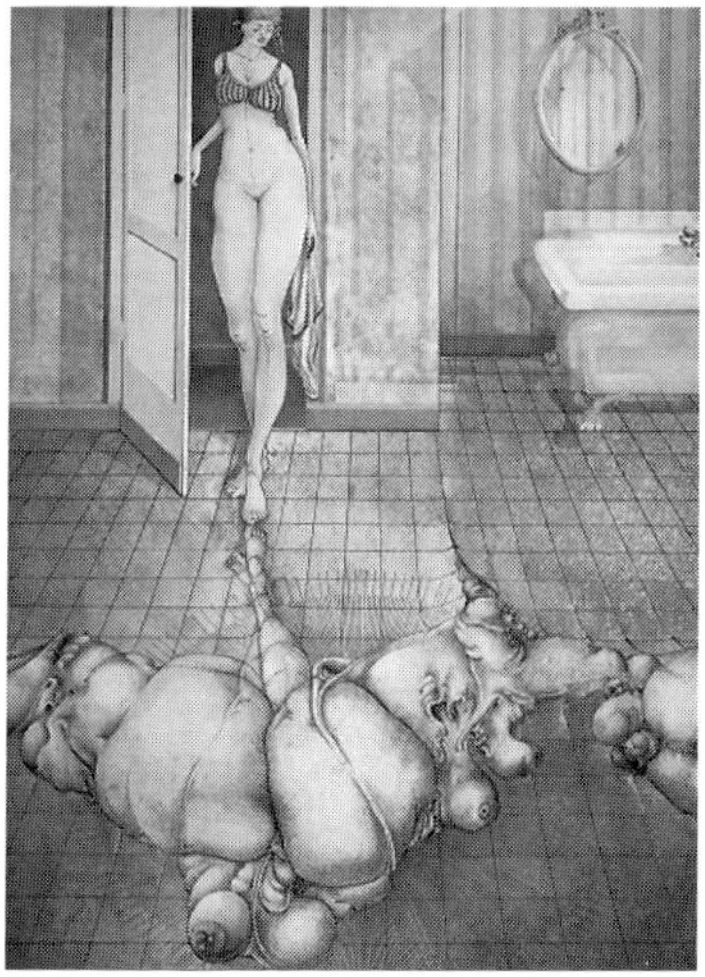

07

05.
LA MARELLE, 1970 /
DESSINS ÉROTIQUES
(1972, ERIC LOSFELD, Editeu)所収

06.
COMPARTIMENT RESERVE, 1971 /
同書所収

07.
LA PORTE OUVERTE, 1971 /
同書所収

さて、プメロルのエロティック絵画には、後の無人幻想へと通じる孤立と不安がつねにつき纏うようである。以上に見てきた初期の作品群においてもそのことは指摘できるが、エロティックな画業の比較的後期に至ると、さらに女体の官能は孤立と不安に包囲されるかに思われる。

そのとき、紐で縛り上げられた食肉を髣髴とさせる、梱包された緊縛女体は、日常の隙間に巣食う絶望的な孤独の闇に打ち捨てられるだろう。永遠に続くかにも思われる孤独は不安を極点にまで高め、女体を淫腐肉へとメタモルフォーズさせるが、一方であまりにも無残な姿態が放つ官能のオーラすら醸成させる。殉教者のような緊縛淫肉の神々しい孤立においてそのエロスは、極度の不安を帯びながら痙攣し、畏怖すべき存在にまで純化されるだろう。

08

07

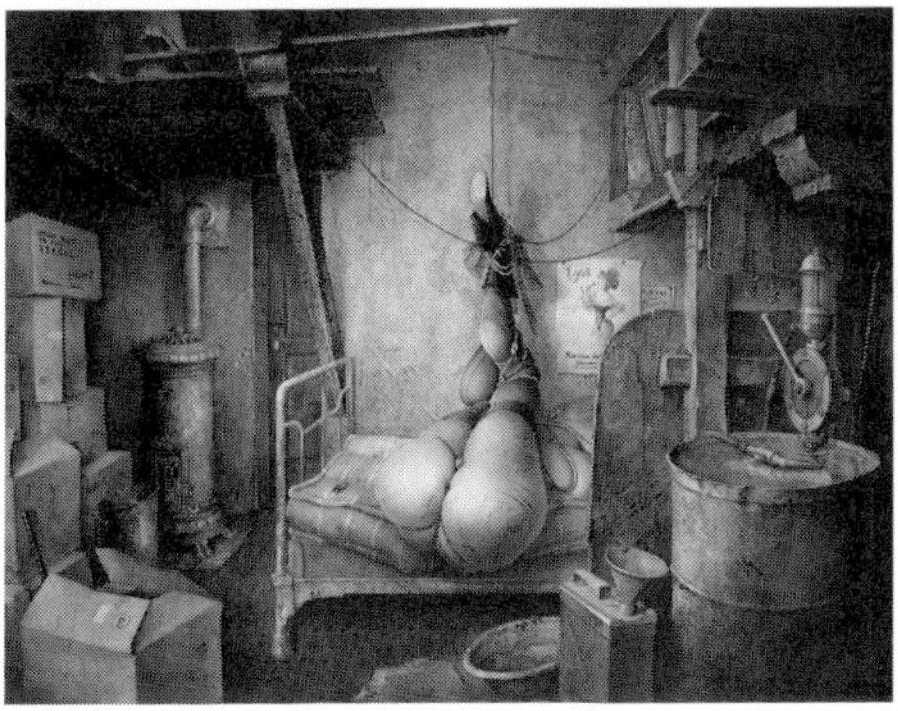
10

09

07. La sabbat, 1975 / *PEINTURES ET DESSINS*（1981, Éditions Baal-Natiris）所収
08. La fiancée（detail）, 1978 / 同書所収
09. La cetrale, 1980 / 同書所収
10. La réerve, 1979 / 同書所収

I-07

H・R・ギーガー
メタリック・ヴァギナのシンボリズム

Hans Rudolf Giger

あらためてことわるまでもなく、H・R・ギーガーの名はダーク・テイストのSFホラー映画『エイリアン』の美術クリエーターとしてあまねく世に知れわたっているが、すでに古典的名作となったその映画の基調となるイメージの原質を含め、彼の残した数多の作品群は、かつて美術評論家の伊藤俊治氏がいみじくも指摘したように、実にそのすべてが胎内の感触に拭いようもなく染められているといえるかもしれない。その印象は、《隧道神殿》（一九七四〜七五年）や《死産機》（一九七七年）などのように直接、出産や産道や死児のグロテスク・イメージを扱った作品にかぎられないだろう。ギーガーの画集を長時間眺めていると、過剰なまでの閉塞感で暗黒の胎内巡りを強いられているような錯覚に陥る。それは幼少期からギーガーが苛まれたオブセッションにほかならない。

ただし、とりわけここで強調しておかねばならないのは、ギーガーのダーク・ヴィジョンに触れたときに感じられる子宮内部の感触というのは生暖かく柔らかい肉質状のそれではなく、機械文明とバイオ・テクノロジーに汚染され尽くされた、いわば、錆び付いた冷たい機械牢獄のごときメタリックな廃胎・死胎のそれであるということであろう。

02

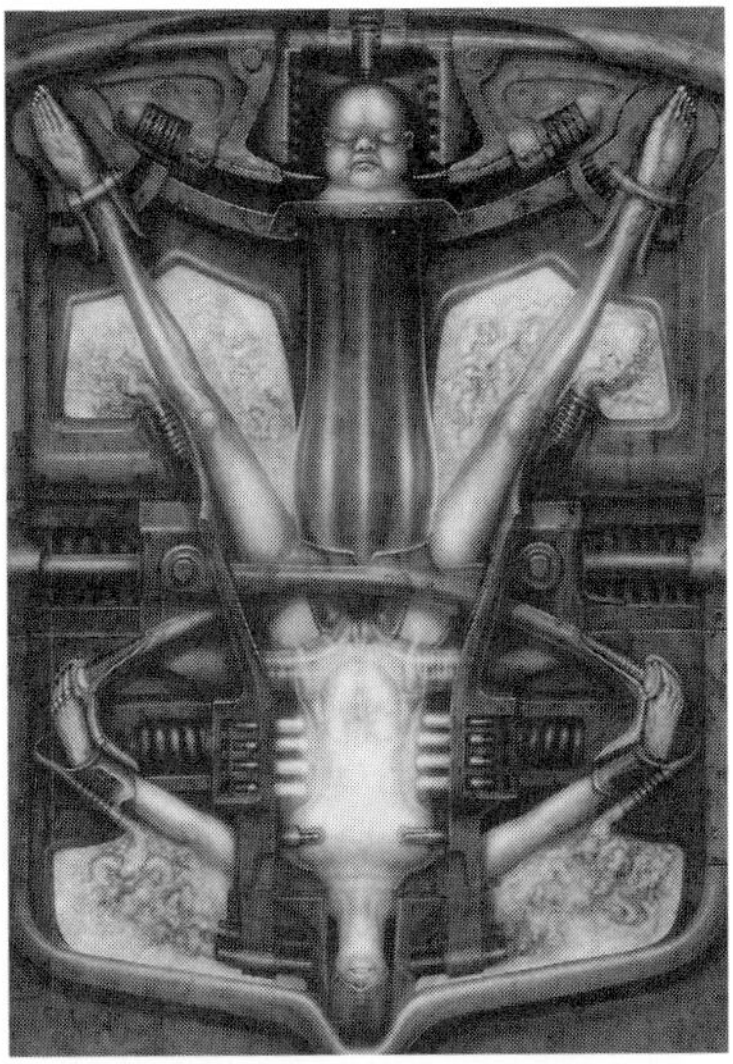

01

04

03

01. 「死産機 I」1976 /『 H.R.ギーガー ネクロノミコン I』(2005, エディシオン・トレヴィル) 所収
02. 「バフォメット─エリファス・レヴィ流に」1975 / 同書所収
03. 「リーII」1974 / 同書所収
04. 「ミーアのためのクローゼットの扉」1979,『H.R.ギーガー ネクロノミコン II』(2005, エディシオン・トレヴィル) 所収

というのも、そもそもギーガーの幻視する未来において、自然環境は荒廃し廃墟化を増殖させる死のテクノロジー環境に完全に取って代わられてしまっている。人体という自然もあまねくそれに浸蝕されている。子宮は未来文明に呪われており、胎内は未来人のために、生半可な子宮回帰願望など一切寄せつけないような悪夢を育んでいるのである。

このように、ギーガーの未来幻想は救いようもなく暗澹としていて、極度に不安を掻き立てる。しかるに、完全なデストピアとして描写されたその終末世界においては、まず、いかなるわけか、最高度の科学文明とまったく相容れそうもない魔術が復活しており、支配的な精神原理となっているようなのだ。ただし、ここでもまた指摘しておかねばならないのは、未来の魔術は、古き時代の魔術が自然に働きかけ、自然物（石や植物など）を利用したのとは異なり、あくまでも機械環境に働きかけ、機器類（マシーン）と化学物質（ケミカル・マテリアル）を利用するということであろう。

そして、魔術への志向の他にもう一つ、ギーガーの未来幻想を特異ならしめているのは、エロティシズムへの著しい志向であろう。不気味に静まりかえった機械文明の光景のいたるところに強烈な淫奔の毒素が蔓延し、淫肉の匂いを無機的機器類に付着させて蝕もうとする。ギーガーはそれを《エロトメカニクス》と命名している。

いうまでもなく、魔術への志向はエロティシズムへの志向としばしば結託し、ときに禍々しい性魔術儀式を想起させるようなイメージも形成される。たとえば《呪いⅠ》（一九七三〜七四年）と《呪いⅡ》（一九七四年）を見ると、絶望的に閉じられたまま膨張し続けるかのような、ピラネージの《牢獄》シリーズを思い起こさせる複雑怪奇な機

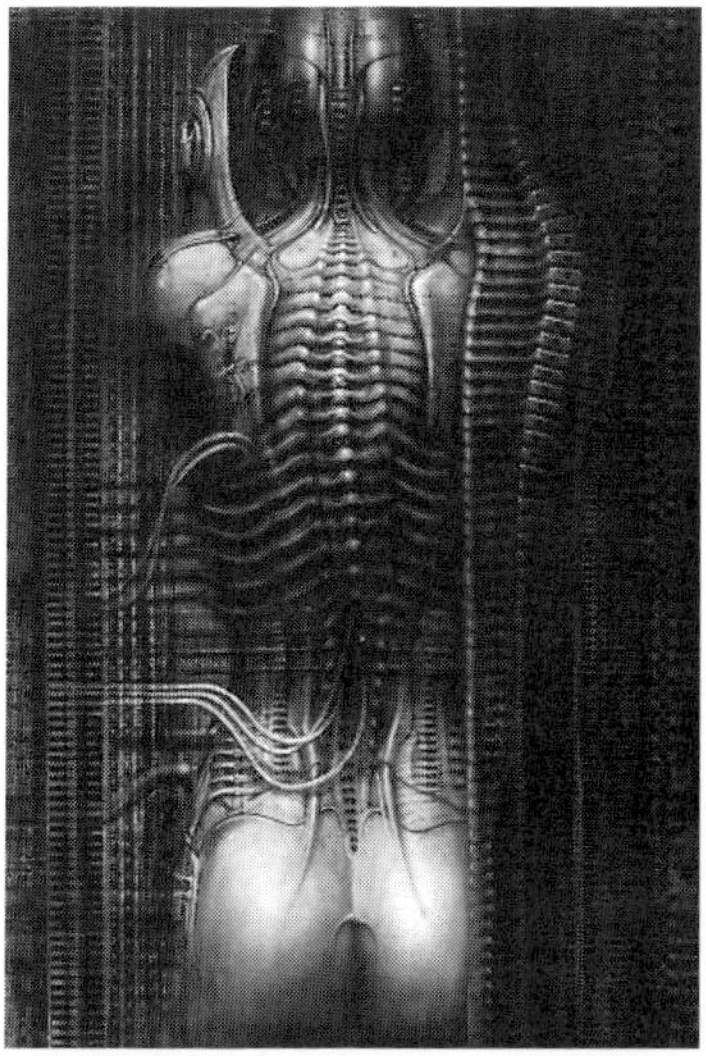

06

05.
「エロトメカニクスV」1979 /
『H.R.ギーガー ネクロノミコン II』
（2005, エディシオン・トレヴィル）所収

06.
New York City VI, Torse, 1980 /
le monde selon HR Giger
（2004, Halle Saint Pierre）所収

05

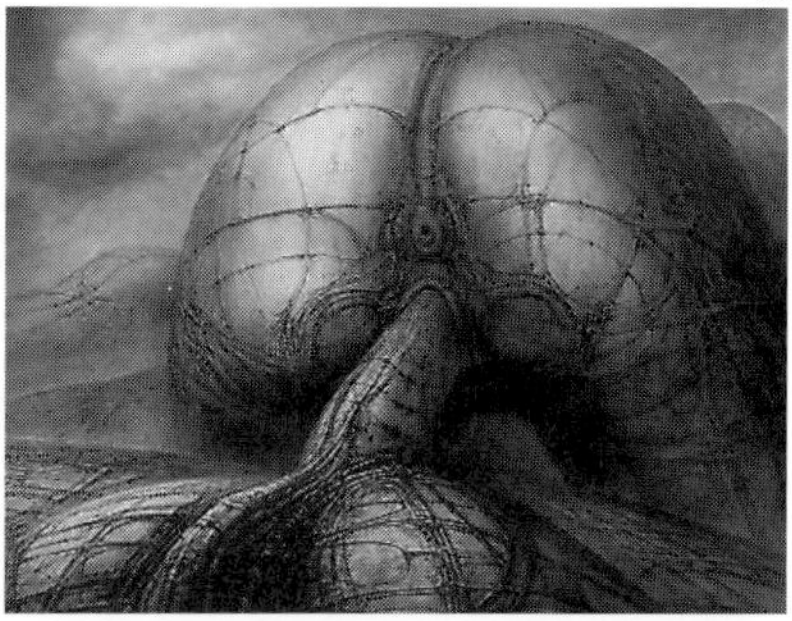

08

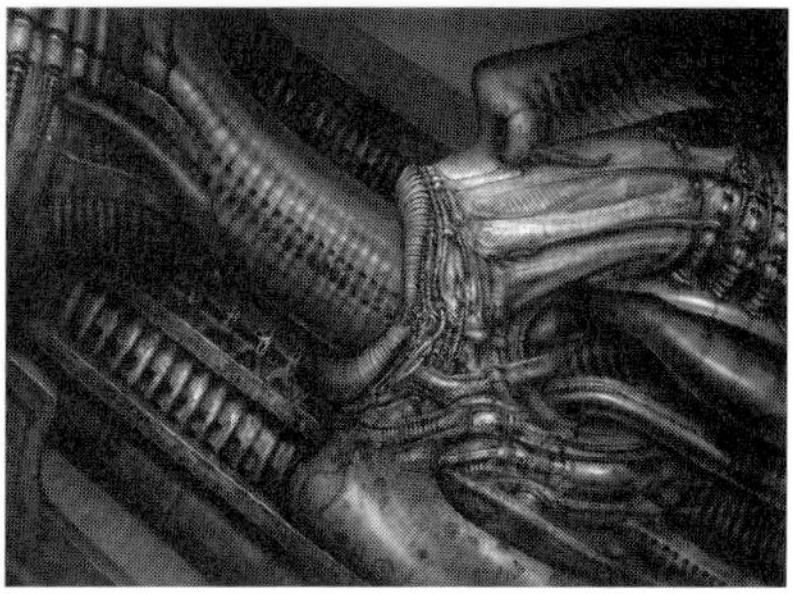

07

07.
「エロトメカニクス（フェラチオ）IX」1979 /
『H.R.ギーガー ネクロノミコン II』
（2005, エディシオン・トレヴィル）所収

08.
「リリス」1976〜77 / 同書所収

械迷宮構築物において妖しい生体実験が行われているとおぼしいが、そこには機械工学的・生体化学的要素と魔術的要素とエロス的要素の巧妙な組み合わせが認められることから、実験は明らかにただの科学実験ではなく、性魔術を匂わせる儀式の闇に包み込まれていると考えてさしつかえなかろう。

見ようによっては機械工学と生体化学があたかも性魔術に奉仕しているかのようであるが、実のところ、画家本人もそれに奉仕していたといえなくもない。クトゥルフ神話を創始した恐怖小説家ラブクラフトや十九世紀の文化人に多大な影響を及ぼした著名なオカルティスト、エリファス・レヴィと共に、ギーガーがつとに傾倒していた二十世紀最大の魔術師アレイスター・クロウリーは性魔術の実践者としても知られていたし、クロウリーがロンドン支部長を務めたOTO（東方テンプル騎士団）の創設者カール・ケルナーは、性交を儀礼にまで高めて神秘的合一を達成しようとする秘性儀に入れ込んでいたといわれている。（※註一）

有機的生体と無機的機械の融合したバイオメカノイドと呼ばれる未来のエロティック・ミューズに、一面では、進歩の頂点を極めた機械文明とバイオ・テクノロジーに人体の内部までを侵された人類の無残な姿を認めることもできよう。だが一方で、彼女らは、グロテスクな変容を被りつつも、まったく新しい官能美と魔的威容を誇っているようにも思われる。むしろ、機械工学と生体化学のもたらすグロテスクな合一によってこそ、彼女らは冷たいエロスの妖魅を研ぎ澄まし、魔女神として氷のごとき輝きを纏うのではあるまいか。自死を遂げた悲劇の恋人リーの再生への願いを込めた未来バロック様式的肖像《リーⅡ》（一九七四年）《リーⅠ》（一九七四年）や《リリス》

（一九七六〜七七年）などを見ると、機械工学と生体化学はもはや本来の目的を剥奪されて、彼女らエロティック・ミューズの戦慄美を際立たせるために装飾の役割を当てがわれているかのようであるが実際、ギーガー芸術には強烈な女性崇拝の側面が垣間見られ、リーへの情熱は言うに及ばず、次の恋人ミーヤ・ボンザニーゴもバイオメカノイドとして作品化されているのである。ギーガーの脳髄に鮮明に刻印されたバイオメカスペースも、あるいは未来のテリブル・ミューズのメタリック・ヴァギナの投影にすぎないのかもしれない。

※註一
おそらくケルナーは古代インドのタントラも参考にしたと思われるから、OTOのセックス・マジックは、儀式性交の際に射精を禁じて生物学的・日常的目的を超越し、性のエネルギーを俗界（現実界）で浪費するのではなく、それを精神的により高いステージへ達するために使用するというタントラ的無射精儀礼もとり入れていたにちがいあるまい。

I-08

ズジスワフ・ベクシンスキ

マゾヒズムと身体毀損の彼方

Zdzisław Beksiński

どことも知れない、荒涼とした広大な異地…不吉に静まりかえった幽域にただ風だけが微かな震えをもたらす。放置された腐乱のはるか彼方に、痛ましき風化と崩落が幻視されるだろう。

巨大な墓標のごとき、死に瀕した幻想建造物、そして、形容を絶する病的な変容と畸形化にその身をゆだねたまま、絶望と孤絶のなかで凍りつく損壊の幻人。

一九二九年、悲惨と激動の時代のポーランドに生まれたズジスワフ・ベクシンスキはこのように、暗鬱な印象を痛切に刻印する幻想画で知られるが、彼のアーティストとしての経歴は、実のところ、写真から始まり、アヴァンギャルドな抽象画とレリーフを通過したあと、表現主義にも傾倒したのである。

幾度かの画風の変遷を経てベクシンスキの確立した衰廃幻夢の様式を賛美する論者の多くは、当然のごとく、その圧倒的な冷惨の気配に同時代のポーランドの苦悩と危機を見ようとした。だが、画家本人はそのような解釈を断固として拒否、それどころか、あらゆる安直な意味づけに対し決して苛立ちを隠そうとしなかった。自身の絵になされる物語性と象徴の指摘に関しても、彼の姿勢は同様であった。

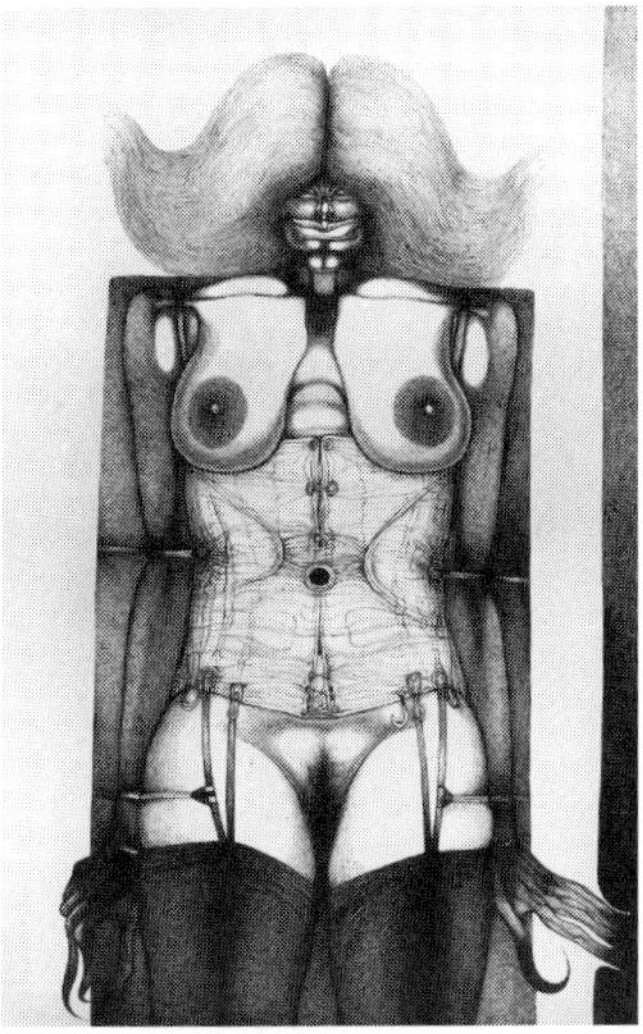

02

01

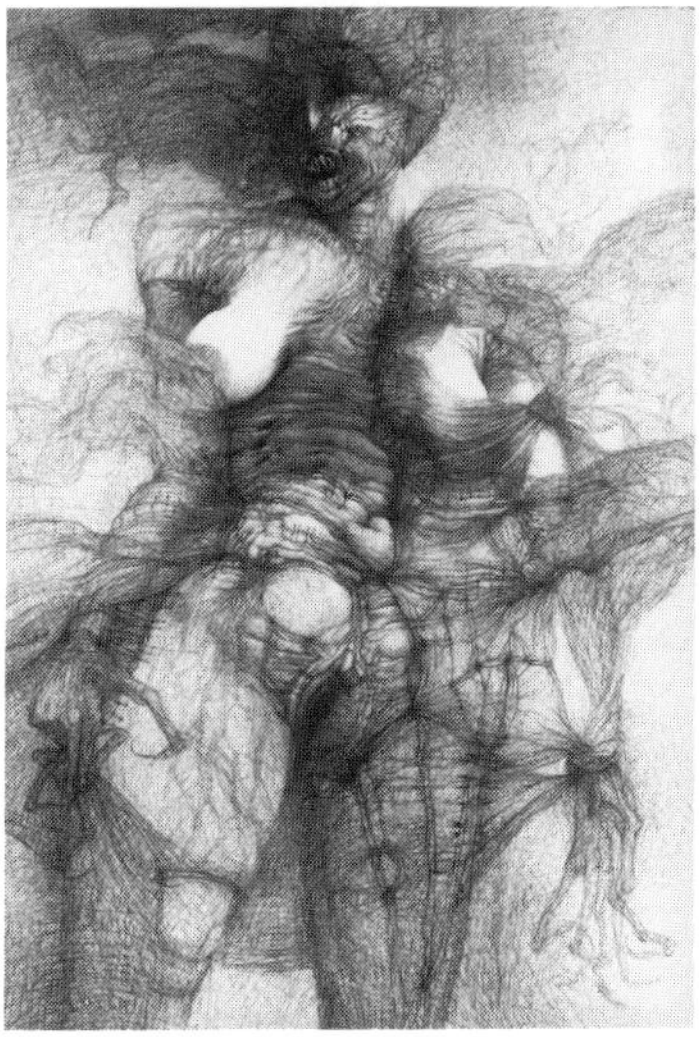

04

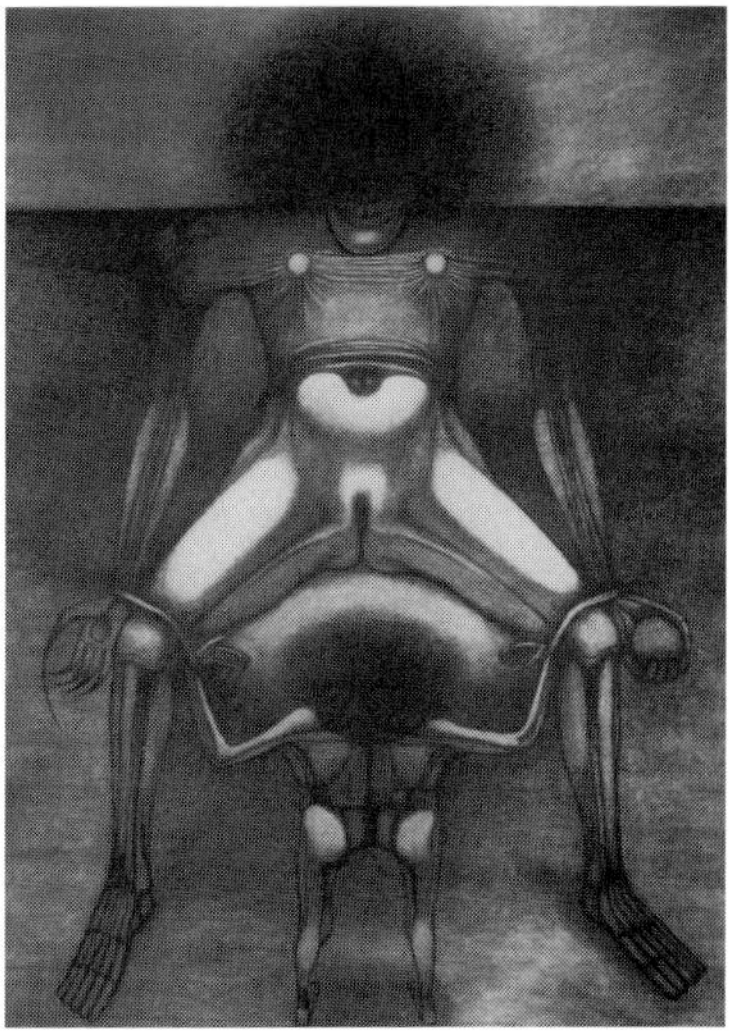

03

01.「無題」1964 /『ベクシンスキ作品集成 III―ドローイング篇』(2017, エディシオン・トレヴィル) 所収

02.「無題」1964 / 同書所収

03.「無題」1968 / 同書所収

04.「無題」1968 / 同書所収

ベクシンスキは「夢を撮る」ことを理想と語り、みずからの精神に宿る「ヴィジョン」を重視する。また、そのヴィジョンが「絶望」と「シニシズム」に彩られることも認めているようである。

しかるに、彼の発言からも明らかなように、絶望とシニシズムを湛えたそのヴィジョンはいかなる時代、いかなる地域の現実的な惨事ともかかわりをもたない。ベクシンスキは、おそらく、破滅的未来の黙示という解釈をも拒絶するのではあるまいか。

そうだとすると、彼のヴィジョンというのは、あらゆる場(あるいはどこでもない場)で予感される過去・現在・未来の不安や不吉や絶望の無限的な総和、あるいは凝縮と見るのが最も適切ということなのであろうか。もちろんこれはわたくしの感想にすぎないけれど、ベクシンスキの呈示するヴィジョンは、いずれにせよ、逃れがたい寂寞の磁場を抱え込んでいるような気がしてならないのである。

ベクシンスキの幻想絵画には、必ずしもエロティシズムの要素が垣間見れるわけではない。だが、ときにエロスは、幻想にもかかわらず奇妙な迫真性を伴って、亡霊のごとく忍び寄ってくることがある。

暴力的な拘束、生々しい血痕、溶けて風化して形を失いつつある裸身。

損壊の悪夢に囚われた肉体は死臭の漂う屍の蠱惑を纏い、崩壊の過程で青白く冷たいエロスの炎を燃え立たせる。ベクシンスキのエロティシズムは孤独と苦虐のうちで発酵し、つねに死の影につき添われている。性愛のさなかの抱擁でさえも、自他の境を侵すように過剰な密着と絡み合いを演じながら、死別の抱擁へと直結してしまうだ

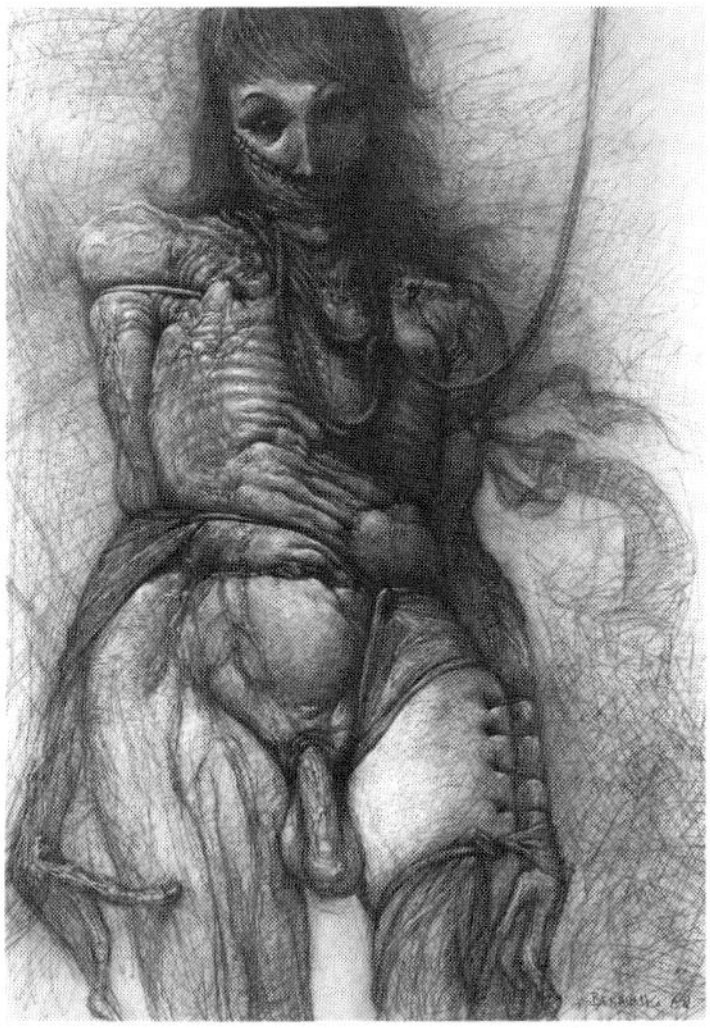
06

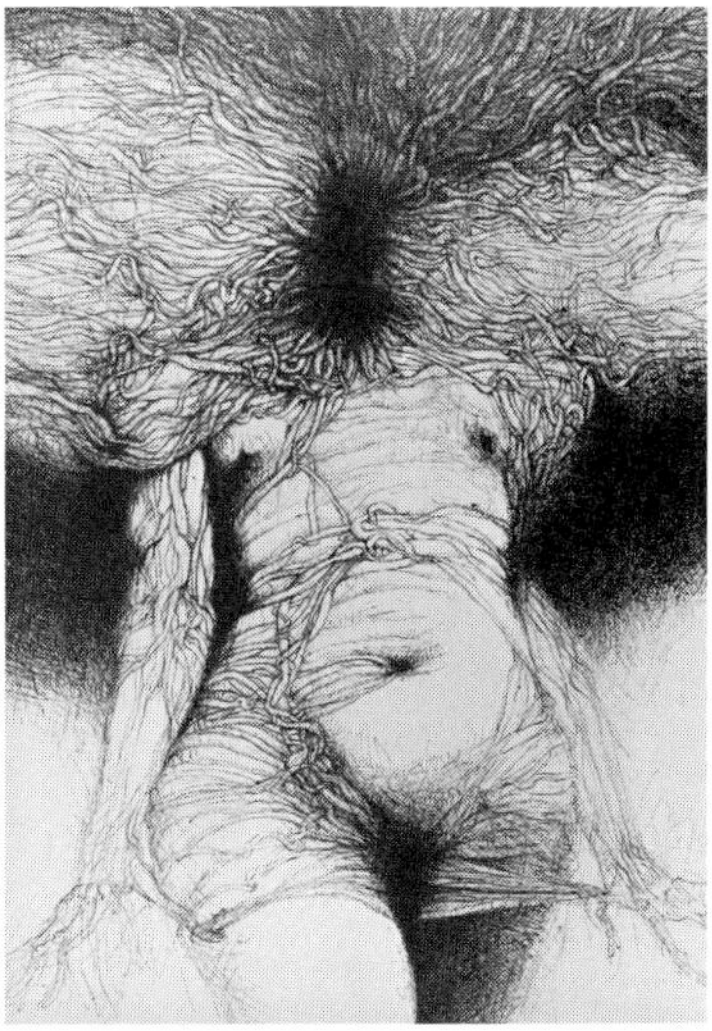
05

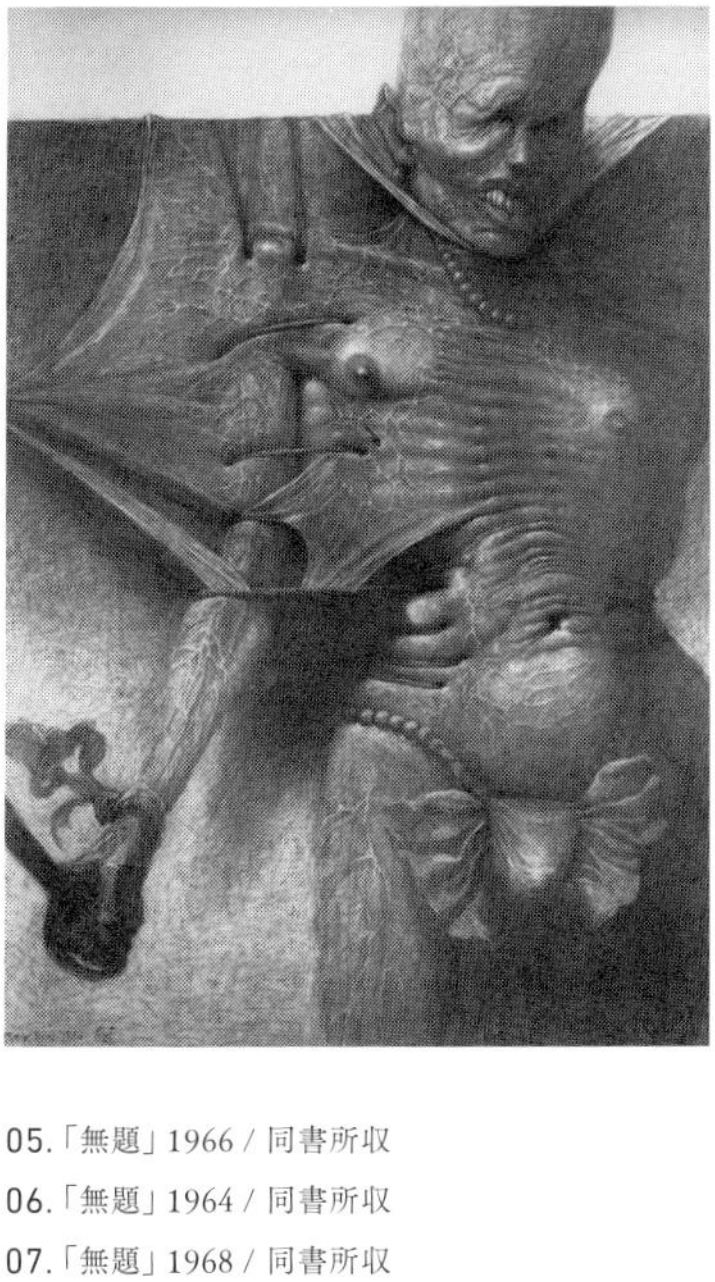
08

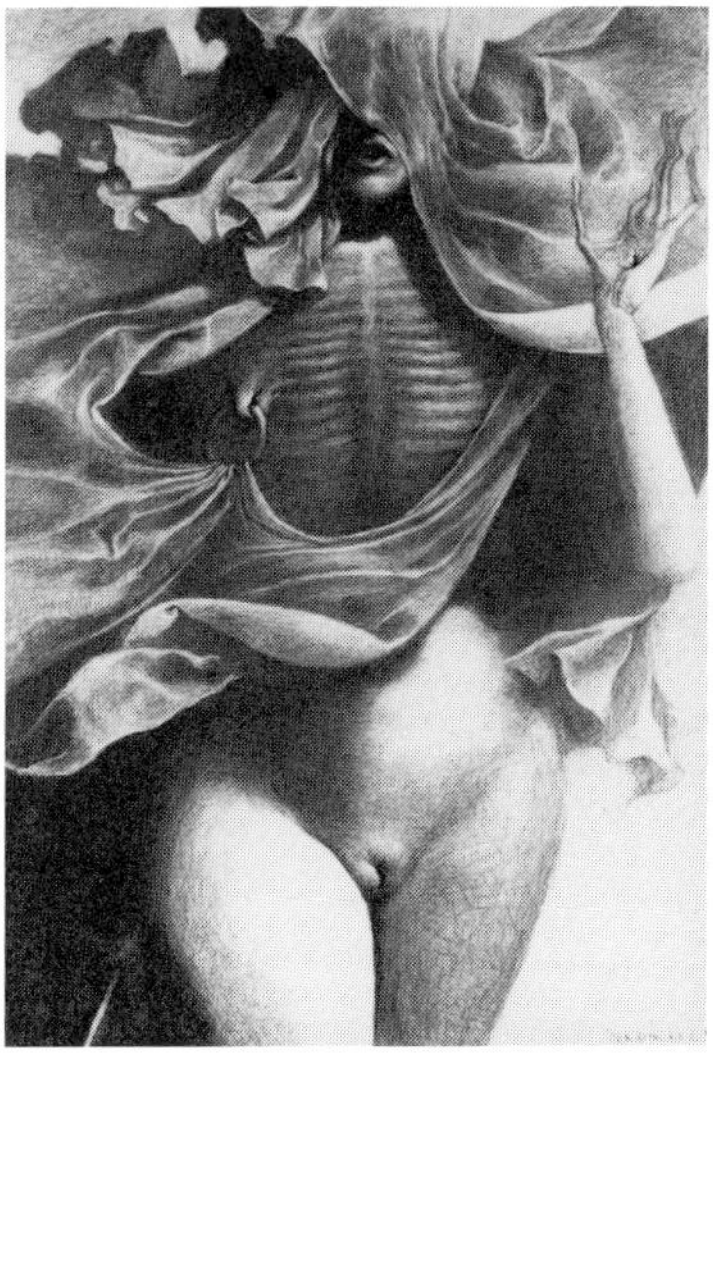
07

05.「無題」1966 / 同書所収

06.「無題」1964 / 同書所収

07.「無題」1968 / 同書所収

08.「無題」1968 / 同書所収

ろう。

ところで、ベクシンスキは六十年代に、ある程度まとまった数のあからさまにエロティックなデッサン群を残している。それらは、主にボールペンと黒チョークで描かれた。

六十年代初期から半ばころまでのボールペンのデッサンは、身体が極端にデフォルメされ、戯画化されてはいるが、拷問や処刑にも急接近しかねない攻撃的で惨忍な黒き淫欲に貫かれている。絶命に至るまでの激しいマゾヒズム願望を告白した画家の手紙を考慮するなら、これらサドマゾヒスティックなデッサン群は意図的に解き放たれた画家の倒錯的願望を濃縮したようなものなのかもしれない。

一方、六十年代後半、特に六八年に黒チョークで描かれた一連のグロテスク風裸婦像を見ると、歪められた身体はエロティックなストッキングを着用したまま、引き裂かれて桃色の生肉を露出する寸前にまで追い込まれ、生体実験に供される「解剖台のヴィーナス」と化してしまう。女性の魅惑的な柔肉が、皮を剥がれてあらわになったおぞましい筋肉組織と二重写しにされるのである。その姿は、十八世紀の解剖学者が制作したエコルシェ（筋肉の配置を明瞭に示すために皮を剥がれた状態で再現される人体模型・剥製）を髣髴とさせようか。一線を越えて狂夢の域に踏み込んだサドマゾヒズムは、裸婦像の新たな残酷モチーフを模索し、エロスの深淵にひそむ闇黒を抉りだす。そのとき、女体は苦虐の錬金術により、エロティシズムの極北に幻視されるであろう怪奇的淫身へと恐るべき変容を遂げる。

これら六十年代のエロティック・デッサンはベクシンスキの代表的幻想絵画ともちろん無関係ではなかろうが、やはり、その全画業において特異な位置を占めると思われる。総括的な画集や展示では、それらは、あるいは数点くらいしか掲載・出展されないかもしれない。そういった意味でも、主にエロティック・デッサン群をまとめて収録したエディシオン・トレヴィル刊の『ベクシンスキ作品集成 Ⅲ／ドローイング編』は貴重であるといえよう。そこには、ヴィジョンをサドマゾヒズムへと急傾斜させたベクシンスキの、いつもとは若干異なるもう一つの顔が垣間見られるだろう。

最後になるが、ズジスワフ・ベクシンスキは思うに仕事へのモチベーションを維持したまま、二〇〇五年二月二一日、殺人者の凶行に斃れた。不運な他界はあまりにも痛ましい。謹んでご冥福をお祈りしたい。

I-09

ジョン・サンテリネロス
エロティック・ダーク・ヴィジョンの深淵へ

John Santerineross

エロスの闇黒が隅々にまで染みわたったジョン・サンテリネロス（ニューヨークのブロンクス出身）のモノクローム写真群は、一見した印象としては、地下にひそんで活動する奇異な秘教集団の儀式を髣髴とさせるが、必ずしも安直なサタニズムに傾倒しているわけではなさそうである。それらは時代がかった古写真のように入念に仕上げられ、ノスタルジックな、しかし不吉でもある魔夢を喚起するだろう。

構図の中心にて妖艶なる裸身を晒すのは、恐るべき神霊を召喚する巫女のごとき、あるいはトランス状態に陥った女呪術師（シャーマン）のごとき、あるいは尋常ならざる修行・苦行に身を捧げる修道女のごとき、そしてときに凶暴な邪神に捧げられる生贄か奇怪な性魔術的実践の犠牲者のごとき様相を呈するうら若い女性らである。彼女たちはほぼ全裸のこともあるし、形容しがたい奇抜なマスクやコスチュームや装飾品に身体の一部を包んでいることもある。また、十字模様や象形文字風の謎めいた記号が体中に刻印された女性や、手足を鉄鎖で縛られたり首輪で天井から吊るされたりする女性も見られる。

宗教学者ミルチャ・エリアーデはとある論考に「儀式のなかで女性が裸になることは呪術―宗教的な力を大いに増大させる」と記しているが、まさにここにあらわれる女性たちは裸体の

02

01

03

01.

the sacristan /
Santerineross, *Fruit of the Secret God*
(1999, Attis Publishing) 所収

02.

the privilege of whispers / 同書所収

03.

conjuration of the mystery / 同書所収

儀礼的性格が強調されて、かつて女性の裸体が担ってきた神秘的古層があらわにされているかのようである。裸体の美というよりは明らかにその異様な非日常性が浮き彫りにされるのも、おそらくは霊力の宿る裸体のアルカイックな機能を再発見しようとしたからなのではなかろうか。この風変わりな写真家は、女性の裸体と性、そして身体の苦痛がアルカイックな時代には存分に発揮していたであろう、ある種の魔術的な力をとり戻そうとしたとおぼしい。

このことは、彼の作品で重要な要素となっている血へのフェティシズムについても同様に指摘できるであろう。有刺鉄線を巻きつけられた裸身や釘を踏み抜く両足といった痛ましき流血の苦行風イメージやら、掌から血痕が浮き出るスティグマ（聖痕現象）・イメージ、さらには経血という女の性血のクリムゾン・イメージにおいて、写真家は意欲的に血の秘教的・密儀的価値の回復を図ろうとしているかに思われる。

一方、女性モデルらをとり囲んだセッティングに目を移すと、これもまた偏執的なまでに凝ってはいるが、何か美意識を超えた幻視的基準でセレクトされていると即座に理解されよう。塩化ビニール製の赤ん坊人形、不気味な首吊り人形、動物の骨、扇子や中国語とおぼしき文字盤など東洋趣味の品々、経血で汚れた下着、がらくたのような物品類、古びた書物、マッド・サイエンティストのおぞましき実験器具…あるいは、無数の釘を打たれた手鞠ほどの球体や十字架を突き立てられた球体、星や稲妻をかたどった室内装飾など、シンボリックなオブジェもある。強烈な魔的芳香を付着させた謎のオブジェ群は、廃墟の僧院を思わせる陰鬱な密室のなかで写真家の妄想的文法に従い、綿密にセッティングされる。

これら奇妙なオブジェ群のなかで特に禍々しい雰囲気を放つのは、磔刑に処されたイエスを

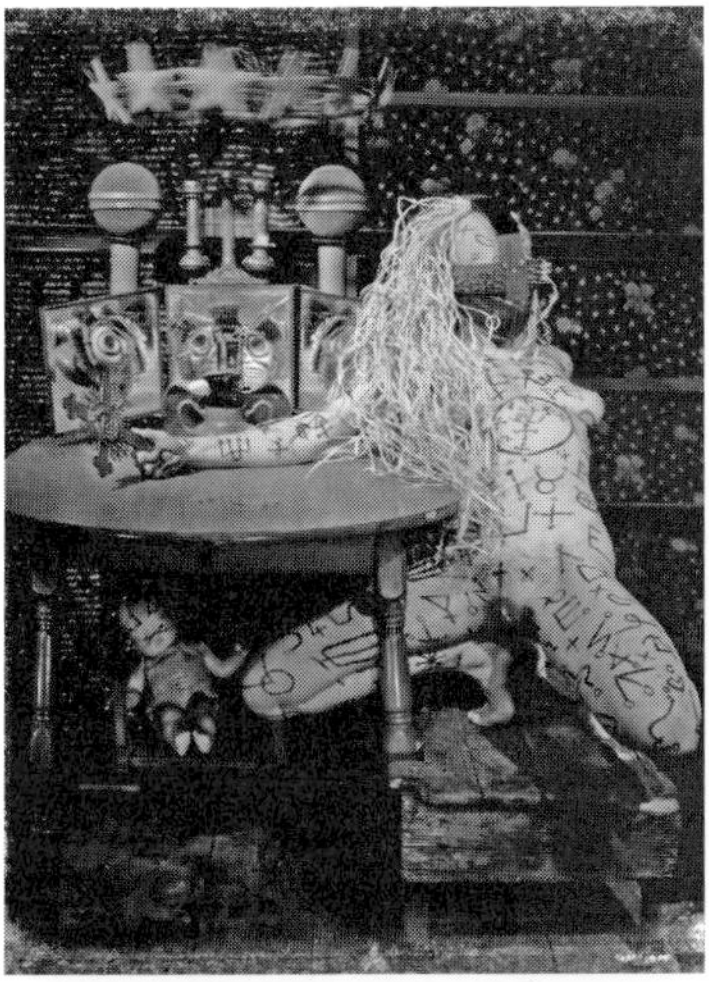

05

04

06

04.
the annunciation /
Santerineross, *Fruit of the Secret God*
(1999, Attis Publishing) 所収

05.
the seal of the seven / 同書所収

06.
the corn doll / 同書所収

模したとおぼしい塩化ビニール製の赤ん坊人形であろうか。それは、開かれた両掌と重ねられた両足に三本の釘を打ち込まれ、さらに荊冠の代わりのつもりなのか、呪いの藁人形のごとく頭部にまで何本もの釘を刺されている。サンテリネロスの作品には、実のところ、この他にも十字架をはじめキリスト教の要素と形式がしばしば原始(未開)宗教的要素に入り混じって散りばめられている。聖書の主題に着目しても、聖母子像が著しく歪められて模倣されていたり、半裸の女性の股間のあたりに置かれた針山の球体によって《秘匿の神の実》を暗示するというのは、見ようによっては聖母の処女懐胎の忌まわしき陰画と想像することもできよう。

だが、それらキリスト教的要素・形式の使い方は単に冒涜的というよりむしろ異教的であり、独特である。キリスト教の表皮から深奥に封印された暗黒のエネルギーが滲み出してくるような、キリスト教のベールを食い破りカオティックな始原の風が吹き込んでくるような、いうなればそんな感覚なのである。そもそも中世の教会は異教の民の住む森林地帯にすぎなかったヨーロッパ各地のキリスト教化を進めるにあたって、長きにわたり生贄を求める異教神の聖所だった地にゴシックの大聖堂(たとえばシャルトルの大聖堂)を建立し、古き信仰形態をみずからの信仰にとり込みつつ隠蔽するといった常套手段に訴えた。だとすれば、抑圧されてはいてもいまだ死に絶えたわけではない、キリスト教侵略以前の太古の記憶が研ぎ澄まされた芸術的幻夢の豊穣によって解き放たれ蘇るという事態も、実に起こりうることなのではなかろうか。

そして、「われわれはみな幼年時代の囚人である」と記すサンテリネロスはこのような異教の集合的記憶にさらに彼自身の幼年期や夢の個人的記憶を混淆させていく。すなわち彼の作品は、いわば、異教という西洋人の歴史的集合的夢想と芸術家個人の夢想の重なり合うダブル・イメージなのだが、それらはやがて分ちがたく結託して、ダーク・ヴィジョンとダーク・ノスタ

08

07

09

07.
Varunas Rainbow, 2004 /
John Santerineross, *DREAM*
(2004, Attis Publishing) 所収

08.
Visunu's Avatar, 2000 / 同書所収

09.
Between Human and God, 2003 / 同書所収

ルジーに彩られた綺想異風のシーンが浮かび上がってくる。汚れたビニール人形やがらくたのような物品類は、この混合イメージのなかで聖化され、際立った呪物として新たに生まれ変わるのである。

ジョン・サンテリネロスは、現在、二冊の写真集を出している。それぞれ『秘匿の神の実』(一九九九年)『ドリーム』(二〇〇四年)と題し、ともにアッティス出版社から刊行された。(アッティスは、キュベレ女神の愛人にして息子であった神の名である)後者は前者と比べると、彼独自の奇夢異夢のイメージが安定したゆるぎない形を完成させつつあるという気がしなくもない。だが、どちらも稀有な作風を存分に発揮した好書であることにかわりはなかろう。

テクニカル・ノートによると、サンテリネロスは朧げな夢の断片を手掛かりにして、スタジオに備え付けの古風な舞台で案を巡らし、じっくりとダーク・ヴィジョンを醸成させていくという。こういった瞑想的な時間も含め、モデルの選択からセッティングに至るまでかなりの時間をかけているわけである。

このような次第であるから、彼は年にたった十三作品くらいしか制作できないらしい。また、モデルを前にしてネガを撮影するのも五十枚までと決めているが、彼は五十枚撮って望むものがないなら、それは決して手に入らないと信じているからだという。最後に、これらの綿密な作品群は主に手作業によるもので、コンピュータ操作はほとんど施していないという事実も付け加えておこう。

11

10

12

10.
Lukes Concept, 2003 /
John Santerineross, *DREAM*
(2004, Attis Publishing) 所収

11.
Ma-ku, 2004 / 同書所収

12.
The Tongue That's Spoken,
2003 / 同書所収

I-10

ニック・ダグラス&ペニー・スリンガー
聖頂へのセクシュアル・トリップ

Nik Douglas & Penny Slinger

イギリスのドラゴンズ・ドリーム社から一九七八年に刊行された『マウンテン・エクスタシー』は、性的紊乱のふんだんに盛り込まれた、斬新奇抜なエゾテリック・フォト・コラージュ集である。それは、古今東西の多岐にわたる秘教に関心を寄せ、特にインドのタントラに傾倒しているとおぼしき神秘主義者ニック・ダグラスによる、一風変わったシンクレティック(諸神混淆的)・アフォリズムと、マックス・エルンストの薫陶を受けたという女性アーティスト、ペニー・スリンガーのコラージュ作品で構成されている。

本タイトルを見て、海外文学好きの向きは、あるいはルネ・ドーマルの同様な秘教主義小説『類推の山』を想起するかもしれない。しかるに、インド宗教への情熱や、神秘的合一と同一視された聖なる頂点を志すというコンセプトなど重要な類似が指摘できるにも関わらず、超越へと至ろうとする道筋は互いに大きく異なっているといえようか。

『マウンテン・エクスタシー』において神秘の頂への到達は、主に、いたるところで散見されるポルノ・イメージ、すなわち七十年代大衆ポルノ・マガジンから切り抜かれた猥雑写真の断片群と、タントラ、ヨーガ、ヘルメス主義、錬金術、古代エジプト信仰、未開の土着儀式などエゾテリックなイメージ群との特異な結合術によって試みられる。背景

01

02

01.
MONT MERU (detail) / Nik Douglas & Penny Slinger,
MOUNTAIN'S ECSTASY (1978, DRAGON'S DREAM) 所収

02.
SHIVA PLAYS / 同書所収

には、聖なる山岳、壮大なる宇宙、海や滝のある風景などが選ばれ、様々な動植物や貝殻や鉱物のカラー図鑑的イメージも象徴的に散りばめられている。

このような聖と俗のあまりにも極端な結合にはつい冒涜の匂いを嗅ぎつけてしまいかねないが、しかし、イメージの配置に際して、ハードコア・ポルノの断片群はまさに独特の仕方で慎重に使用されており、男性読者をすみやかに射精へと誘導するポルノグラフィーの文法はことごとく歪められ解体されているように思われる。

生々しき男女性器はしばしばリンガ・ヨニの代用物としてそれだけを部分的に切り抜かれて孤立し、ときにそれらは思いもよらない場に配され、そこかしこにエロスの実を植えつける。また、一見しただけではそれと判別しがたい、生肉のごとき女性陰部は、蝶の胴体やら蛸の胴体やら、さらには女性の顔面や聖者の顔面にまで憑依してそれを占拠する（この顔面憑依はダグラスによって「ヨニ・フェイス」と名付けられている）。このような女性の顔面への性器による占拠は、〈顔の性器化〉を目的とするポルノのフェラチオ・アップ写真とは正反対の、いわば〈性器の顔面化〉現象と見ることもできるが、もはや好みの性対象を個性的容姿で選択することが禁じられるので、やはりポルノの文脈は混乱に晒されるだろう。

股間をあらわにする官能の裸身もあるいは顔を奪われ、あるいは獅子の顔や女神像の顔にすり替えられて、匿名のエロティック・ボディと化してしまう。そして、あらゆる体位で蠢き狂う男女の交合シーンと口淫シーンは自然や聖のイメージ群と奇抜に組み合わされて、異様な印象のうちに定着される。

いったいなぜ、ポルノ文化に対するこのように奇妙な改竄が繰り返されるのであろう

03

05

04

06

03.
SPECULATION / 同書所収

04.
HOT DAKOS / 同書所収

05.
GATEWAY / 同書所収

06.
THE AGE OF KALI / 同書所収

か。しかも、ポルノ的文法は激しく撹乱されているものの、噎せ返るような淫臭の刺激はイメージの断片に保持されたままなのである。

おそらくそれは、作家らが性衝動を本来のポルノ的文脈から切り離して、そのエネルギーが日常的現実で浪費されるのを巧みに回避し、性の力を別のステージ(聖の領域)のために利用しようと目論んでいるからなのではなかろうか。いうなれば、儀礼的オルギア状態の回復を目指して、性のエクスタシーを聖のエクスタシーに融合させようとしているのではあるまいか。

作家らの言葉を借りるなら、彼らが試みるコラージュとは性と聖のイメージ群の配置・結合により創造される「次元の新たな秩序、すなわち特異な時空の連続体」であり、それは神秘の山頂へと直結するであろう「魔術的現実の入口」となる。

ダグラス/スリンガーのコラージュ・ロマンは、猥雑のけばけばしい輝きとエゾテリズムのまばゆい聖光が犇めき合う、エネルギッシュな極彩色の特殊バロック的空間を演出するだろう。

＊

さて、現代の奇書の一つに数え上げても差支えないようなアフォリズム付きコラージュ集をかつて世に問うた二人の人物について、日本では今なおほとんど知られていない。『マウンテン・エクスタシー』には、このコラージュ集刊行に至るまでの比較的詳細な作家情報が記載されているので、参考までにそれをまとめておこう。

ニック・ダグラス Nik Douglas

一九四四年ヨークシャー生まれ。少年時代を中東地方のシリア、イラク、レバノン、キプロスで過ごし、当時から考古学やエジプト学や神秘学に興味を覚えていたという。

科学の学位を取得すると、六〇年代初期のロンドンに移り住んで、レコード制作に励んだり、ポップ・グループを結成したりした。六四年頃より芸術に開眼して絵画制作に着手し、また、東洋のメタフィジカルな芸術を調査し始める。

六六年、インドとネパールに旅行し、梵語とチベット語を学んで仏教美術とヒンズーの美術を研究するが、六七年までには南インドに永住を決め、インドの儀式、ヨーガ行者、聖職者、寺院、僧院、宗教美術に関する資料を収集する。

その後、七〇年代はタントラやヨーガの叡智を深めるために辺境地への旅を繰り返し、会議や専門誌の活動、あるいは大規模なタントラ展のカタログ製作なども精力的にこなした。

七六年からはペニー・スリンガーと親密になって、シュルレアリスムとタントラの結合を発展させ、シンボリズムと東洋の芸術の探求に集中する。

ペニー・スリンガー Penny Slinger

一九四七年ロンドン生まれ。六四年から六六年までファーナム美術学校に通う。その間、六五年にはインドとネパールへと赴いたが、この旅の体験が後の『マウンテン・エクスタシー』のインスピレーションを育んだという。

その後、ロンドンのチェルシー大学で三年間、絵画、彫刻、写真、マルチメディアなどを幅広く学び、マックス・エルンストのコラージュについて学位論文を書き上げて、六九年に首席で卒業を果たす。エルンスト自身、彼女が自分の作品の意義をよく理解していると認めていたらしい。

六九年から七〇年の間は、経験を広げるため、劇場や映画の仕事に携わったり、フランスとモロッコに旅行したりした。フランスでは、夢のシンボリズムやシュルレアリストの研究にも着手する。

七〇年代初期の間はシュルレアリスムと東洋の神秘主義に没頭し、七四年から七五年にかけてコラージュを発展させ、羽飾り、毛皮、ファブリック、実物大の人形などを用いた幻想的な《人形の家》シリーズを制作し始める。

七六年、ニック・ダグラスと共に《ダキニ天の秘密神託》と命名した、錬金術的・原型的シンボリズムを使用するカード占いを考案する。

そして、七七年終りに『マウンテン・エクスタシー』の雛型となるコラージュ・シリーズが完成し、『秘密』と題した展覧会をロンドンで開催した。

I-11

ボブ・カルロス・クラーク
クール・フェティッシュとエレガンスの結晶

Bob Carlos Clarke

一九五〇年、アイルランドに生を受けたボブ・カルロス・クラークは一四歳でロンドンに移り住んでデザインと写真を学び、その後八〇年代には若くして商業写真の分野にて活躍した。彼の広告写真家としてのキャリアは高級自動車やオートバイなど金属系産業プロダクトの領野で開花したが、そこで培った、金属の光沢感を際立たせる撮影技術がラバーやPVCを纏う女性のフェティッシュ・ボンデージ・フォトにも大いに役立った。

実のところ、ボブは七十年代初頭の学生時代（ロイヤル・カレッジ・オブ・アート）から、ひそかにフェティッシュでファンタスティックな写真作品にも着手していたのである。美女と自動車、あるいはオートバイという従来の紋切り型ピンナップのクリシェをあえて利用しつつ、解体・改変を施し、やがて『オブセッション』『ダーク・サマー』などの作品集に自らの写真美学を集約する。強烈なフェティシズムを基調とする、洗練を突き詰めたスタイルは、当時の写真界に衝撃をもたらした。（上記二冊の写真集は、写真家の協力のもと、新たな作品を加えた改訂完全版がかつてトレヴィルより刊行されている）光沢素材に包まれた女性のシルエットへ向けられるクールな美意識とスタイリッシュな絵づくりに対する細心はボブのエロティシズムを、ライブ感やドラマ性を重視したヘルムート・ニュートンのそれから大きく隔てることとなった。

　また、ボブ・カルロス・クラークが現在に連なるフェティッシュ・シーンの偉大な開拓者の一人であったということも記憶にとどめておいてよいのではなかろうか。八〇年代に彼は、フェティッシュ・カルチャーの草創期を築いたラバー・コスチューム・デザイナーであるダニエル・ジェームズのカタログや、創刊間もないモノクロ印刷のフェティッシュ・マガジン『SKIN TWO』にも作品を頻々と提供していたのである。

SKIN TWO MAGAZIN ISSUE 3
（1984, Tim Woodward Publishing Ltd.）
Cover by Bob Carlos Clarke

　フェティッシュ感覚を究極のエレガンスにまで高める写真家としてボブ・カルロス・クラークの名を定着させたとおぼしい第二作品集『オブセッション』には、おもにフォトモンタージュと着色技法を存分に駆使した作品群が収められた。モンタージュの技法を採用するに際して、彼は無駄を徹底的に削ぎ落すシンプルかつ慎重な配置構成に執心し、精錬の極みで結晶化する欲望を焼きつけようとする。一方、着色技法においても色彩の放蕩濫費は意図的に抑制され、オブセッションを秘めた夢の色彩を想起させる、あるいは暗鬱の純化を想起させるミステリアスなアウラで世界を隅々にいたるまで包み込もうとする。自家薬籠中とした二つの技法は、徹頭徹尾、フェティシズムの秘密を際立たせるためのアルティザン的禁欲主義につらぬかれているかにも思われる。

「都市のなかに残された静寂と孤立のオアシス」であり「平安と緊張の奇妙な結合を生み出す場所」でもある共同墓地を背景として使用し始めた第三作品集『ダーク・サマー』では、色彩は極力排され、モノクロームの冷たい妖麗美が研ぎ澄まされて、さらに一層この禁欲主義が追求されることになろう。

ボブ・カルロス・クラークの作品には、アート・スクールの大先輩であり、互いに刺激し合ったこともあって意識的にオマージュを捧げたアレン・ジョーンズの女体テーブル・オブジェをはじめ、ポップ・アートやシュルレアリスムの影響がつとに指摘されている。だが、それらの引用は彼の明晰な美意識にしっくりと当てはまる場合にのみ採用され、その美学のなかで消化されて作品の重要な要素としての役割を果たす。他のアートをとり入れても、快美の王国の城壁はゆらぐことなく、ただより強固にされるだけなのである。

ボブ・カルロス・クラークが繰り返しカメラを向けたラバー・コスチュームの美女たちは、蠱惑を匂い立たせる肌と人工的質感を湛えて輝くラバーの相互作用により、めくるめく性的昂揚を演出し、欲望のアナザ・ワールドへと踏み込んでいく。女の肌は

03

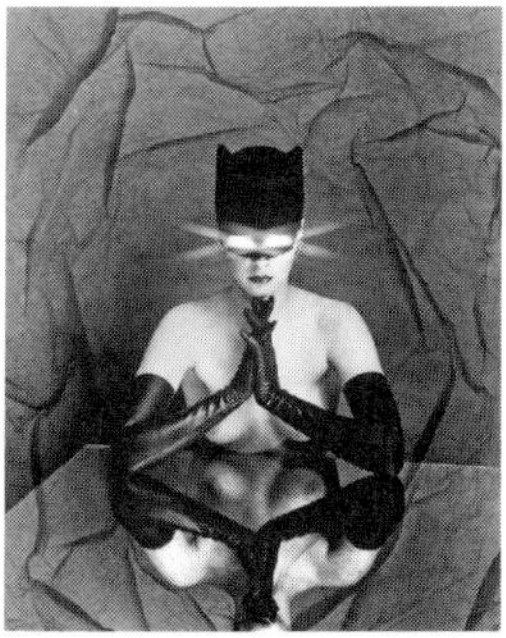

02

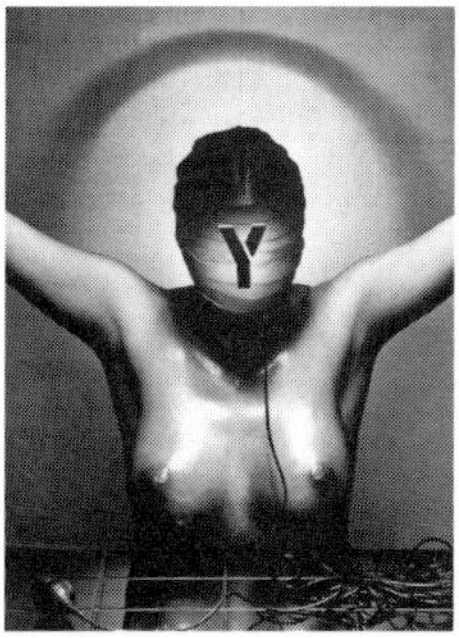

01

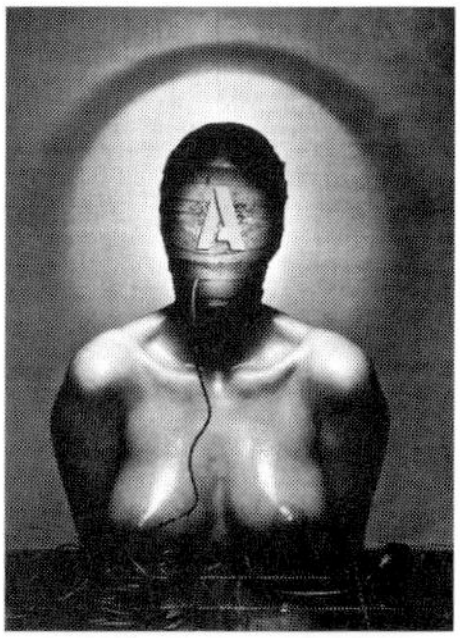

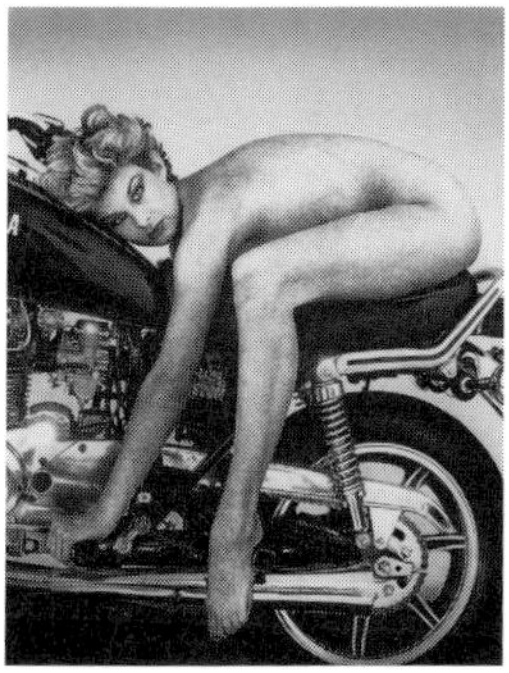

05

06

04

01. A / Bob Carlos Clarke, *OBSESSION* (1987, トレヴィル)所収

02. Y/ 同書所収

03. Imperious Leader / 同書所収

04. Centurion and Slave / 同書所収

05. Cliché / 同書所収

06. Urban Guerillas (detail) / 同書所収

ラバーの作用で物質的光沢のエレガンスに浸食され、冷ややかな美石彫像として凝固するが、他方でラバーには艶めかしい女体の芳香が注ぎ込まれ、欲望の生々しき弾力が流れ入ってくるだろう。そういったエロティックな相互作用の微かな運動がラバーに抱擁された美女らの身体の表面で進行し、やがて、センシュアルな迷宮のなかで女肌とラバーが溶け去っていくような不安を孕んだ快美が浮き彫りにされる。

ピンヒールを好み、ラバーのストッキングで脚部を覆い、コルセットで胴を絞ってフェティッシュ感覚を凝縮させた美女らは射抜くような力を目元にたくわえ、ときに見る者の視線を弾き返すような、またときにそれをすべて吸収しつつも、なお貪りたりないとでもいうような威圧的な裸体美で強烈な官能を散布する。あるいは兵士の制服や、古代女神アテナを思わせる剣闘士風の装身具に身を固めて、宝石のごときエロスの種子をふんだんに抱えながらも性的魅惑を暴威で武装し、あるいは妖しい女吸血鬼に変貌して、淫蕩を戦慄とすりかえてしまう。彼女らが墓地に立ときは、死の静謐を一身に集中させ、それを一瞬にして優雅へと変えてしまうだろう。

ボブ・カルロス・クラークの追い求めた女たちは新たなデカダンスの予感をひき連れて、いかなるときもアーバン・ファムファタルとして君臨するだろう。

二〇〇六年、ボブ・カルロス・クラークは鉄道に飛び込み、五五年の生涯を自ら閉じた。彼は、ゆるぎない美意識でクール・フェティッシュの異界への扉を開示したまま、一足先にそこへと旅立っていった。

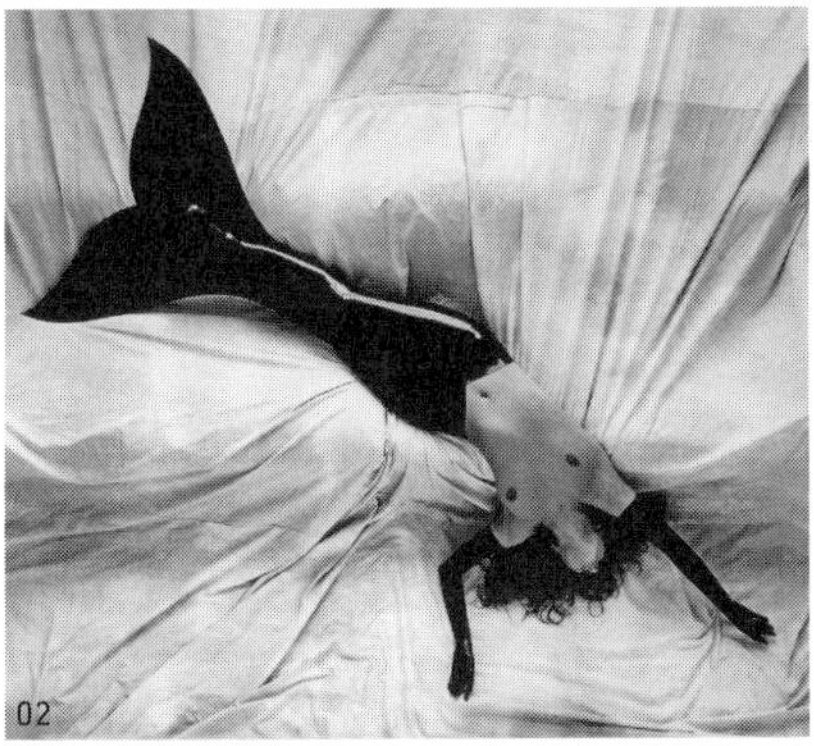
02

01

05

04

03

08

07

06

01. TANYA VAN HOORN / BOB CARLOS CLARKE, *THE DARK SUMMER*（1988, トレヴィル）所収

02. MERMAID / 同書所収

03. KEEPING UP WITH THE JONESES / 同書所収

04. INCENDIARY BLONDE / 同書所収

05. DARKLING / 同書所収

06. COURTESAN / 同書所収

07. DOLL / 同書所収

08. IN THE PARK / 同書所収

I-12

空山 基

ガイノイドのピンナップ工学

Hajime Sorayama

ソニーが開発した犬型ロボット「アイボ」の初代デザインを担当したことで知られる空山基氏は、女肌にメタリックな輝きを湛えながら、噎せ返るような艶香を放つフェティッシュ・サイボーグのパイオニアでもある。夥しい数のそれらセクシー・イラストレーションの仕事は、欧米の商業的なセンシュアル・アーキタイプであるピンナップへの情熱から開始されたとおぼしい。あるいは、コンプレックスと崇拝感情の複雑に入り混じった白人女性への執心も影響しているのかもしれない。いずれにせよ、あまりにも過激なあのビザール・ヌードは、現代欧米における性文化のコアの一領域から誕生したと思われる。

空山氏はピンナップというセクシュアル・イメージの典型を徹底して突き詰め、改変を重ねて、ついに未知のフィールドを開拓するにいたり、現在では当の欧米人からの賛嘆の声をも獲得した、いうなればピンナップ・アートの革命児である。欧米人以外の民族が彼らの文化を使って欧米人も驚くような成果を上げるというのは、視界を広げて見わたすなら、さほどめずらしいことではないかもしれない。しかるに、現代日本のエロティックな表現という領域で考えると、まず頭に思い浮かぶ人物は空山基氏をおいて他にいないのではあるまいか。氏はピンナップ・アートに、アンドロイドを相対化するガイノイド（女もどき）という視点を導入し、またセクシュアル・トーチャーという新領域にも意欲的に踏み

01

03

02

01.
Untitled / *SORAYAMA MASTERWORKS*（2010, EDITION Skylight）所収

02.
Untitled / HAJIME SORAYAMA, ROCKIN' JELLY BEAN & KATSUYA TERADA, *PUSSYCAT! KILL! KILL! KILL!*（2014, エディシオン・トレヴィル）所収

03.
Spanish Spider / HAJIME SORAYAMA, *GYNOIDS GM*（2000, エディシオン・トレヴィル）所収

込んでいった。

空山氏は比較的近年では春画のスタイルもとり入れて、さらにエロティック表現の枠を拡張したが、これはかならずしも伝統回帰というわけではなかろう。実際に、空山氏の独創的春画に描かれるみだらな女性たちは、いつものように、おもにヒスパニック系の体型が採用されている。つまるところ、自国の性文化であっても、空山氏にとってはピンナップ同様、自らの無尽蔵なファンタジーを実現する一つのスタイル（型）にすぎないのであろう。

理想的美脚を誇らしげに開き、みだらな核心部の細部の細部の蠢きまでを白日の下に晒して放埒にふるまう、スタイリッシュな白人美女の群れ。彼女らは肉感のまばゆさに包まれつつも、クール・テイストを裸身にひそませて、男たちの貪るような視線を手なずけようと冷淡な視線を投げ返す。男たちの性的夢想のために女性の欲望を都合よく制御するはずのピンナップの檻を淫奔の雷光で突破して、愛液をとことん吸い尽くさんとする女ヴァンパイアのごとく、果てしなく官能を倍加し続けていく。

性戯が灼熱を増して狂乱の域に近づくと、美女たちはマゾヒスティックな幻想に身をゆだね、陶酔しきった態で自らの裸身を嬉々と苛みはじめるだろう。メタル・ピアスが魅乳の山頂と蠱惑のラビアをつらぬいて、性感の凝集地帯を惨忍な妖炎で装飾する。ときには鋭利な鉄の細棒までもが張り詰めた皮膚に深々と突き立てられ、美身の深奥に眠る快楽の秘域を覚醒させるだろう。空山氏のピンナップ・ワールドにおいて、マゾヒズムとフェティシズムは従来の女体美に揺さぶりをかけ、エロティシズムを深化させるとともに凶器の

05

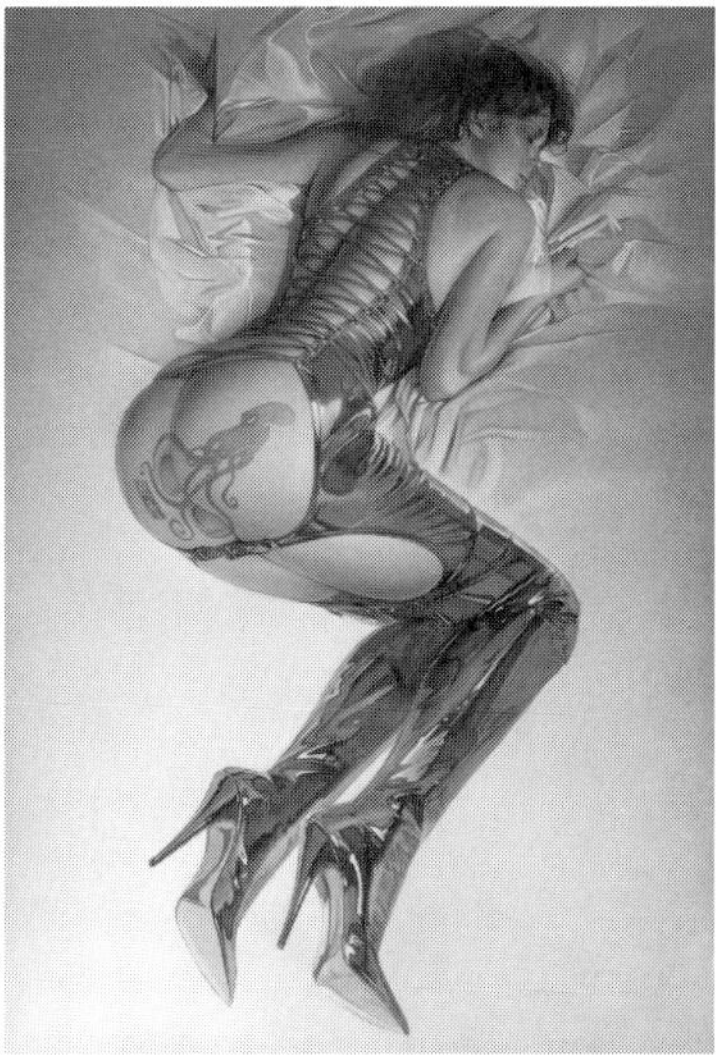

04

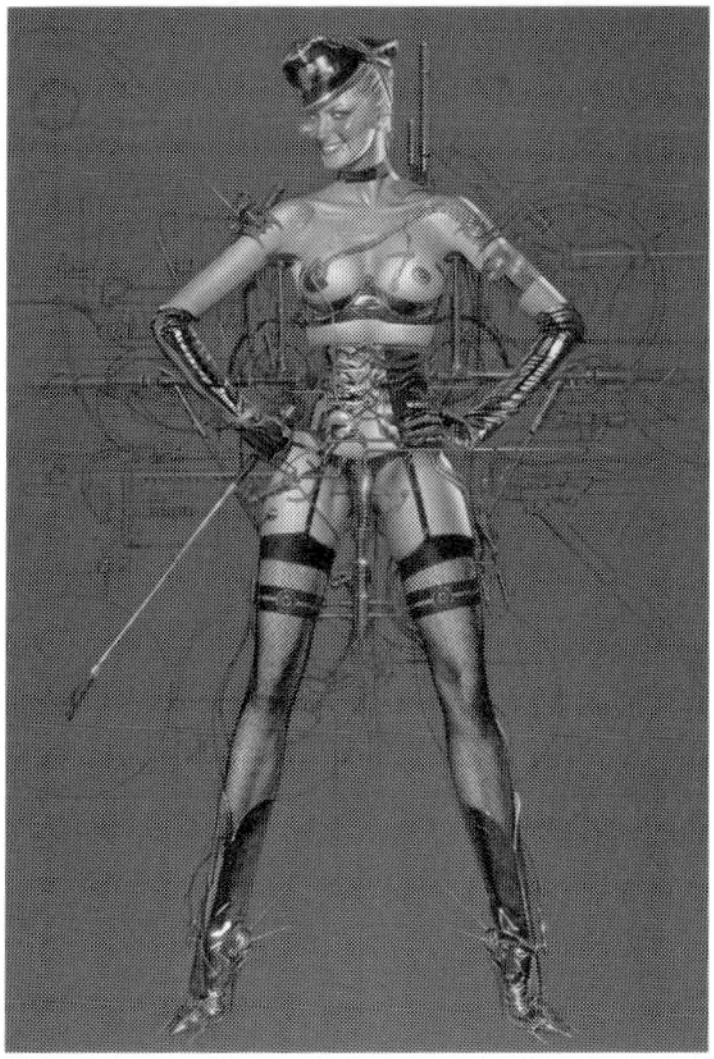

06

04.
Hori-Kama / HAJIME SORAYAMA,
LATEX GALATEA
(2003, エディシオン・トレヴィル) 所収

05.
Attention! / HAJIME SORAYAMA,
THE GYNOIDS GM
(2000, エディシオン・トレヴィル) 所収

06.
Gynoid Officer / HAJIME SORAYAMA,
THE GYNOIDS reborn
(2000, エディシオン・トレヴィル) 所収

ごとく研ぎ澄ます重要な役割を果たしている。
　エロティックに洗練された美女らは、総じて美肉の魅惑を獲得したサイボーグのようにも見えようか。すでにして人間の女体快美を超越した域に踏み込んでいるが、しかし、美女たちの身体がメタリックな冷たさに隅々まで浸されるとき、俗界の欲望はその冷徹な輝きと硬質感によって完全に遮断されてしまう。女肉の妖魅のエッセンスが金属的美質に吸収・融合し尽くされ、セクシュアリティは線と形態のみに宿る。エロティシズムは全き観念と化し、われわれには女体のエロスを脳髄で享受する以外、他に欲望の捌け口は失われてしまう。工学的にボンデージされて精度を高めた人造美女たちは、ただ性感を増幅させるだけでなく、同時にエレガンスも極点にまで純化していくだろう。

　空山基氏はこのようなエロティック・ファンタジーを、細部への執拗なこだわりと徹底した緻密描写を積み重ねて画布に構築していく。澁澤龍彦氏は現代フランスを代表する幻想小説家ピエール・ド・マンディアルグの細密描写にふれて、幻想の表現とは「もともと明確な線や輪郭とともにあるものであって」、「どこまでも鮮明な、炊きつくように鮮明な細部が伴っていなければならない」と指摘した。明確な線、くっきりとした輪郭、そしてまさに「炊きつくような鮮明な細部」に支えられているからこそ、淫蕩狂奔のミューズたちは、ありうべからざる性の紊乱ファンタジーですらもわれわれの目にトラウマのごとく焼きつけることができるのではなかろうか。

―第2章― ヴィジョン・イン・ブラック（闇夢の随想録）

II-01

シュルレアリスムのデンジャラス・コア
現代美術の一分野として見た猟奇殺人

猟奇殺人現場写真とシュルレアリスム作品

この小文に引用した二タイプの図版群になにやら禍々しい符合があるということに、読者諸氏もまずはお気づきいただけるのではなかろうか。

一つ目のタイプの図版群は、マックス・エルンスト、サルヴァドール・ダリ、マルセル・デュシャン、そしてここでは最大のキー・パーソンとなるであろうマン・レイなど、いずれもシュルレアリスムと深い係わりのある錚々たるアーティストたちの絵画、オブジェ、写真である。かたや、見るからに陰惨極まるもう一つのタイプの図版群は、あえてことわるまでもないかもしれないが、身も凍るような殺戮鬼の手により惨殺された若い女性切断死体の現場写真である。

この一連の殺人現場写真は、かつてアメリカ中を震撼させ、今なお伝説的に語り継がれる、迷宮入りセックス殺人「ブ

02

01

01.
Photographer unknown, Portrait of Elizabeth Short ca.1946 /
MARK NELSON AND SARAH HUDSON BAYLISS, *EXQUISITE CORPSE; SURREALISM AND THE BLACK DAHLIS MURDER* (2006, BULFINCH) 所収

02.
Crime-scene photograph—Elizabeth Short murder January 15, 1947 / 同書所収

ラック・ダリア事件」の生々しい映像である。異常な凶行の餌食となった哀れな屍の特徴は以下のとおりである。口腔部は片方の耳からもう一方の耳まで切り裂かれ、薄気味の悪い笑顔が強引に刻みつけられている。右乳房は大きく円盤状に切り取られ、左乳房、右膝のあたり、下腹部のすぐ上にも深く抉られたような裂傷が認められる。そして、あろうことか、死体は見事に腰で真っ二つに切断されていた。上半身の部分は両腕を頭までかかげるようなポーズを強いられており、下半身の部分は脚を開かれ、下腹部が露出されるように置かれていた。まるで、彫像かオブジェ作品でも展示するかのように……

心臓のあまり強くない真面目な研究者だったらあえて気付きたくはなかろう、部分部分で不吉な、だが確実に目を惹く類似点を示しているシュルレアリストたちの作品群は、ほとんどが（すなわち、デュシャンの作品を除いて）一九四七年に起きた「ダリア事件」より以前に制作されている。『優雅な死体　シュルレアリスムとブラック・ダリア殺人』の著者マーク・ネルソンとサラ・ハドソン・ベイリスは、犯人がだれであろうとも、その人物（たち？）はシュルレアリスムに深い理解をもっているか、あるいはその前衛芸術運動に係わりが

03

03.
Hans Bellmer,
La poupée (The Doll),
1935 / 同書所収

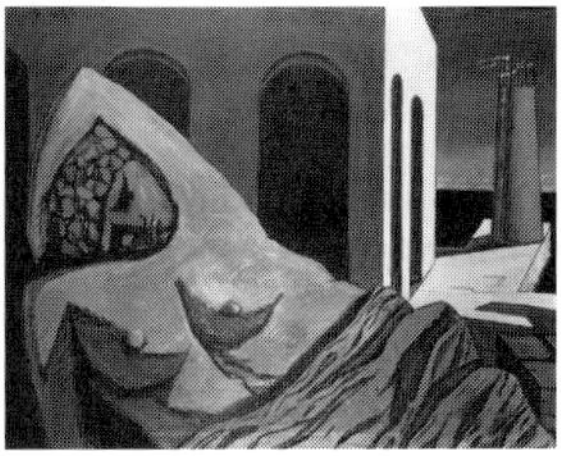

04

04.
Giorgio de Chirico,
"The Silent Statue" (Ariadne),
1913 / 同書所収

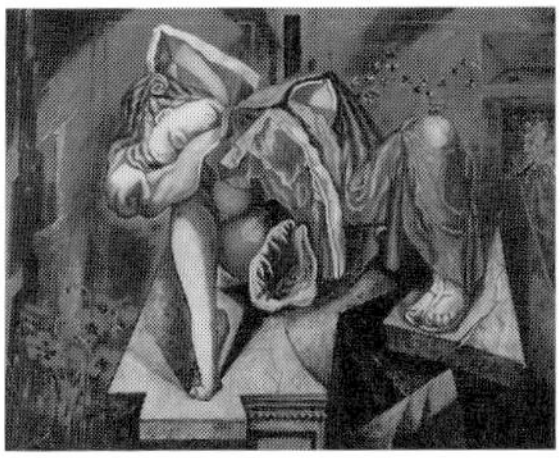

05

05.
André Masson, "Gradiva,"
1939 /同書所収

あったにちがいあるまいと記している。

はたして、この恐るべきセックス殺人は、シュルレアリスムが育んでしまった悪夢だったのか。シュルレアリストたちは、戦慄すべき予知夢を見てしまったのか。

芸術という夢（幻想）が現実を侵食していく……

「私は、夢と現実という、外見はいかにもあいいれない二つの状態が、一種の絶対的な現実、いってよければ一種の超現実のなかへと、いつか将来、解消されていくことを信じている」（アンドレ・ブルトン『シュルレアリスム宣言』巖谷國士訳）

ブラック・ダリア事件

一九四七年一月十五日午前十時半、ロスアンゼルスの空き地で胴体切断の異様な他殺体が発見された。被害者は二十三歳の魅力的な美女エリザベス・ショート、愛称「ブラック・ダリア」。新聞各社はこぞって情報を争い、瞬く間にその戦慄は大陸を駆け抜けていった。ロスアンゼルス市警は「ブラック・ダリア・アヴェンジャー」と名乗る犯人からの挑発を受けつつも、結局のところ、現在に至るまで犯人確定には至っていない。また、「犯人探し」や被害者のプライベートに迫ろうと

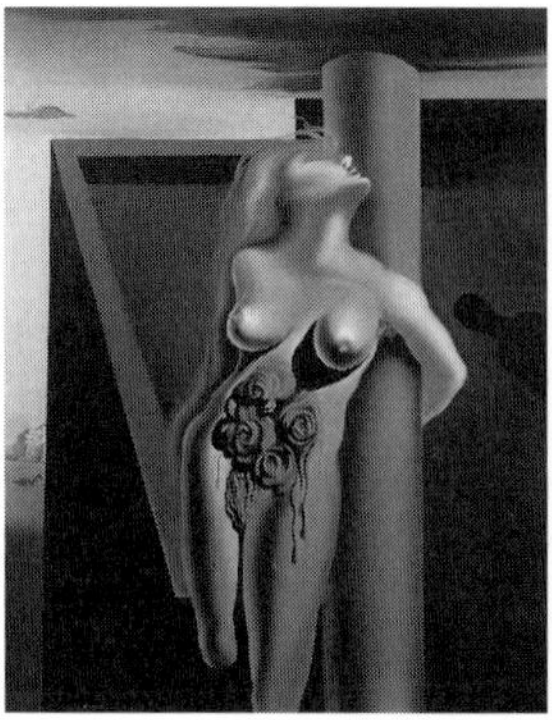

07　06

06. Max Ernst, Celebes, 1921 / 同書所収
07. Salvador Dalí, Les roses sanglantes (The Bleeding Roses), 1930 / 同書所収

する書物も数多刊行されるが、いまだ謎はベールに包まれたままである。同様に実の母親を殺戮の犠牲者にされたジェイムズ・エルロイの同名小説は、近年、映画化もされ、話題となった。

殺害後、放置された被害女性の無残な様子は前に記したとおりであるが、さらに検死報告書に書かれた内容にも目を通すなら、殺人鬼（たち）の犯した、常軌を逸する残忍さにだれもが身震いを隠し切れないであろう。

両手両足をきつく縛られた女性は、まず、体と陰部に無数の切り傷を刻まれたらしい。ヴァギナに挿入する目的で陰毛も剃られたと見られる。その後、体中を殴られ、おぞましいことに、自らの（あるいは殺戮者の）排泄物を食べさせられた。女性は再び殴られ、顔と身体を切り苛まれて、ついに死に至った。殺戮者（たち）は被害者の死体から肉片をいくつか切り取って、ヴァギナ、あるいは肛門に押し入れたとおぼしい。あとは前に記した残忍な処置を被害者に施したわけであるが、そこには高度な外科技術の痕跡が垣間見られたという。仕上げに、彼（ら）は死体の血を抜き、髪と皮膚を洗浄した。

サディズムの極致！　まさにそのとおりである。ただし、虐殺は歯止めの利かなくなった激情にまかせ、狂乱のさなか

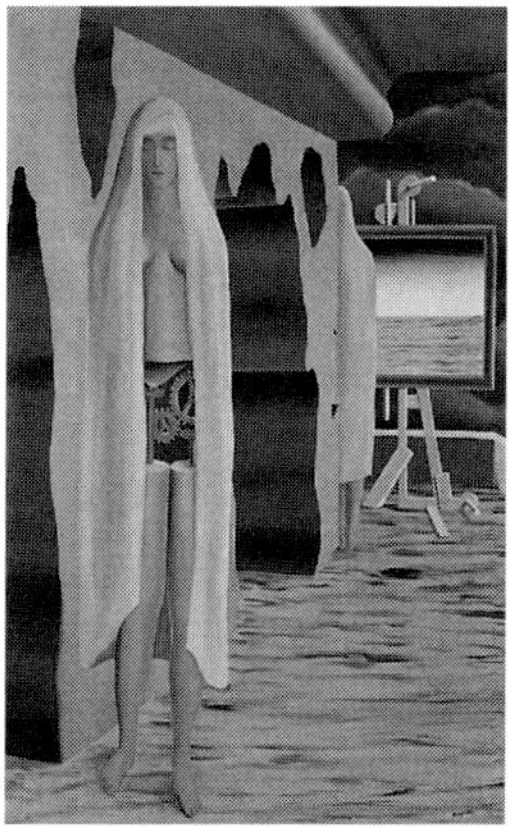
08

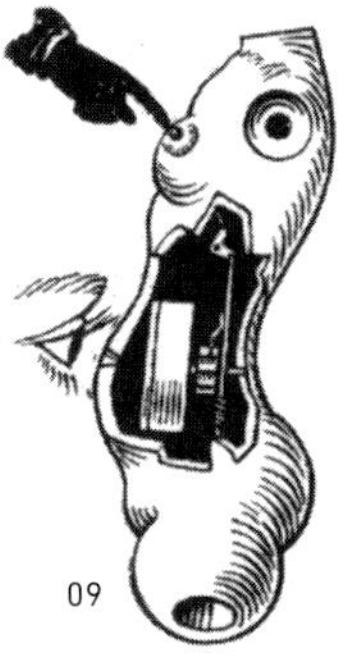
09

08. René Magritte, L'âge des merveilles (The Age of Marvels), 1926 / 同書所収
09. Hans Bellmer, La poupée (The Doll), 1936 / 同書所収

になされたのではなさそうである。これは、特異な洗練と奇怪な美意識にのっとって演出された冷徹な殺戮である。

しかも、この冷たい残忍行為は、サディズムの元祖である十八世紀フランスの作家マルキ・ド・サドが獄中にてしたためた『ソドム百二十日』という、淫虐極まれる小説を可能な限りなぞろうとしたともいわれている。そうだとすれば、殺戮者(たち)は文学・芸術の分野に関し相当に造詣が深いといわざるをえまい。

サドとその悪の哲学へのオマージュはそれ以外にもいくつか指摘できるであろうが、ここでは筆者が気になった点を一つ挙げておきたい。前にも書いたように、遺体の乳房は、乳房を切り落とされて殉教した伝説の聖女アガタのごとく抉りとられてしまっている。また、遺体に刻まれた下腹部(恥骨)上部の深い裂傷は、子宮摘出の際に行う外科的処置と同様のものであるらしい。子を養う乳房の切除と子宮摘出を暗示する遺体処理。これは、見方によっては母性に対する攻撃であり、母性に対する憎悪のあらわれではないだろうか。実はサドも母性(母胎)憎悪の幻想にとらわれていた。その印象的な一例として、サドの『閨房哲学』には、とある夫人の女性器と肛門を縫いつけてしまう、いうなれば「女陰封鎖」のテーマが

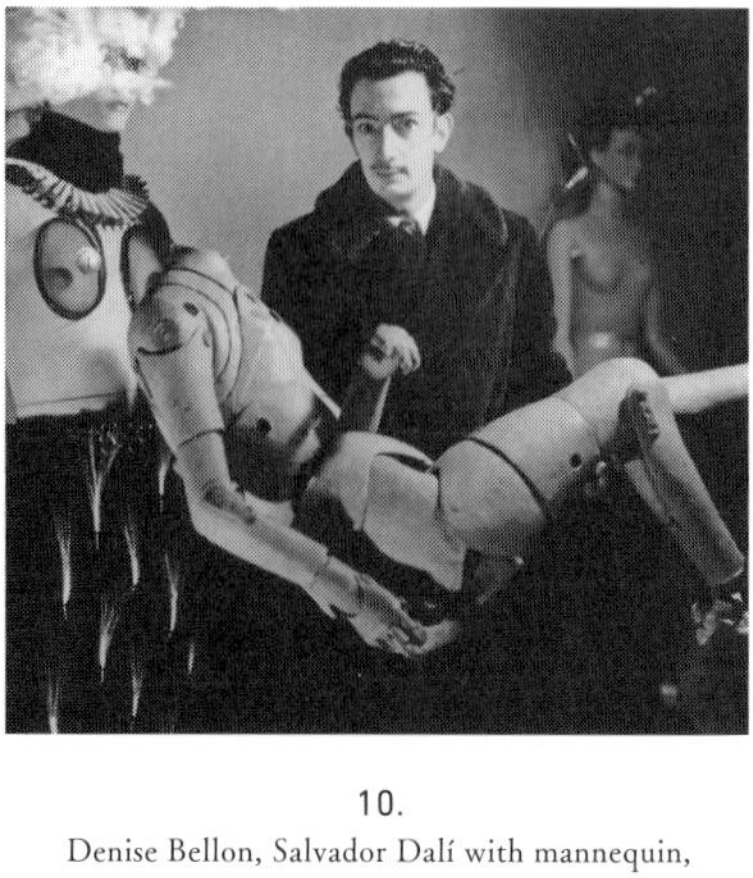

10

10.
Denise Bellon, Salvador Dalí with mannequin,
International Exhibition of Surrealism, Paris, 1938 / 同書所収

見られる。

シュルレアリスムとサディズム

シュルレアリスムに傾倒し、サドの悪の哲学を熟知し、しかも高度な医療技術をも身につけた、恐るべき芸術殺人者！

だが、そもそもシュルレアリスムの核心には、すでにして、理性と因習の壁を乗り越えてあらゆる欲望の全面的な解放を謳うサドの思想が胚胎していた。その中心人物だったブルトンをはじめ、シュルレアリストはサドを崇拝していたのである。

美術作品であろうと、文学作品であろうと、シュルレアリスムの表現にはいたるところ、非合理、暴力、エロティシズムの混合した衝動が見い出せるだろう。しかも、それら危険な衝動はしばしば女性の身体に向けられる。それこそ陰惨な殺人現場を演じたかのようなハンス・ベルメールの人形写真はいうまでもないとして、エルンストにも、ダリにも、マグリットにも、マン・レイにも、女性の身体を変形し、切断し、断片へと還元しようとするサディスティックな欲望が見られる。そして、ときに過激な欲望は女性の出産器官にさえも牙を剥く。（ダリ《血を流す薔薇》一九三〇年、マグリット《驚異の

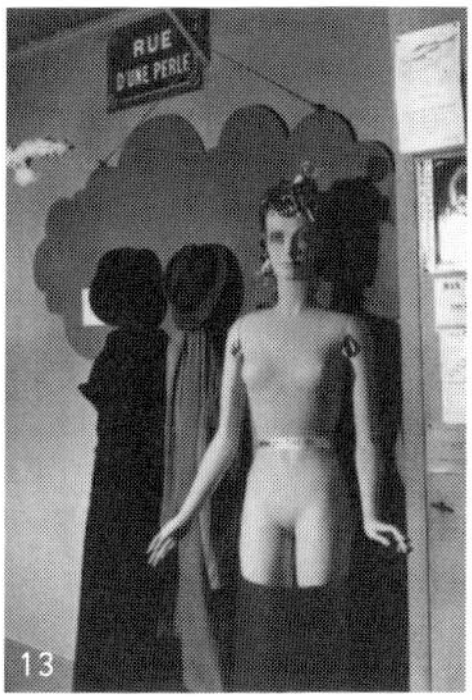

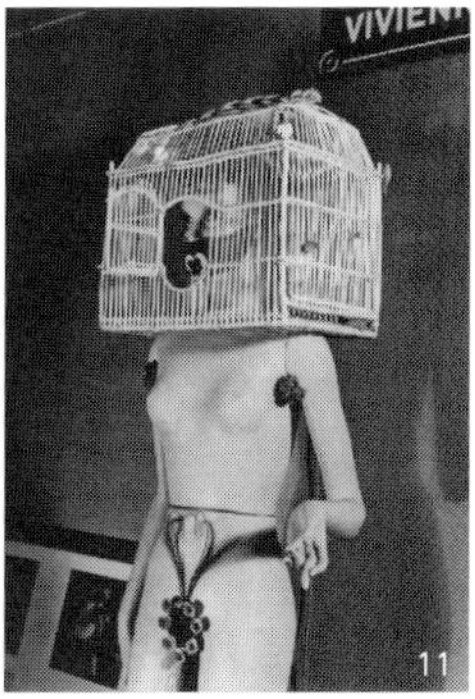

11. Denise Bellon, Mannequin by André Masson, International Exhibition of Surrealism, Paris, 1938 / 同書所収
12. Man Ray, Mannequin by Marcel Duchamp, International Exhibition of Surrelism, Paris, 1938 / 同書所収
13. Man Ray, Mannequin by Man Ray, International Exhibition of Surrelism, Paris, 1938 / 同書所収

時代》二六年、ベルメール《人形》三六年、エルンスト《花嫁の解剖》二一年など）

また、ブラック・ダリア事件に、シュルレアリストたちが先達の一人と仰ぐ十九世紀の偉大なるフランス詩人ボードレールの影響を指摘する向きもある。ボードレールは、恋愛は拷問と外科手術に似ているといった覚書を残し、男女の交情にひそむ残忍な衝動を喝破した。殺人鬼は詩人の暗黒のヴィジョンにいたく感銘し、現実に拷問と外科手術を繰り返して性愛的殺戮を犯したというのである。

さらにつけ加えるなら、シュルレアリストは、かのジャック・ザ・リッパーなど実在の凶悪殺人鬼たちにも多大な関心を寄せ、彼らの行為を超越的な力のあらわれと認識することもあった。

要するに、以上のことを考慮するなら、ブラック・ダリア殺人とシュルレアリスムが深く共鳴しあう可能性というのは根本において十分にありえることだったとはいえまいか。

新たな容疑者ジョージ・ホデルとシュルレアリスム

さて、ここに並べたシュルレアリスムの作品群とブラッ

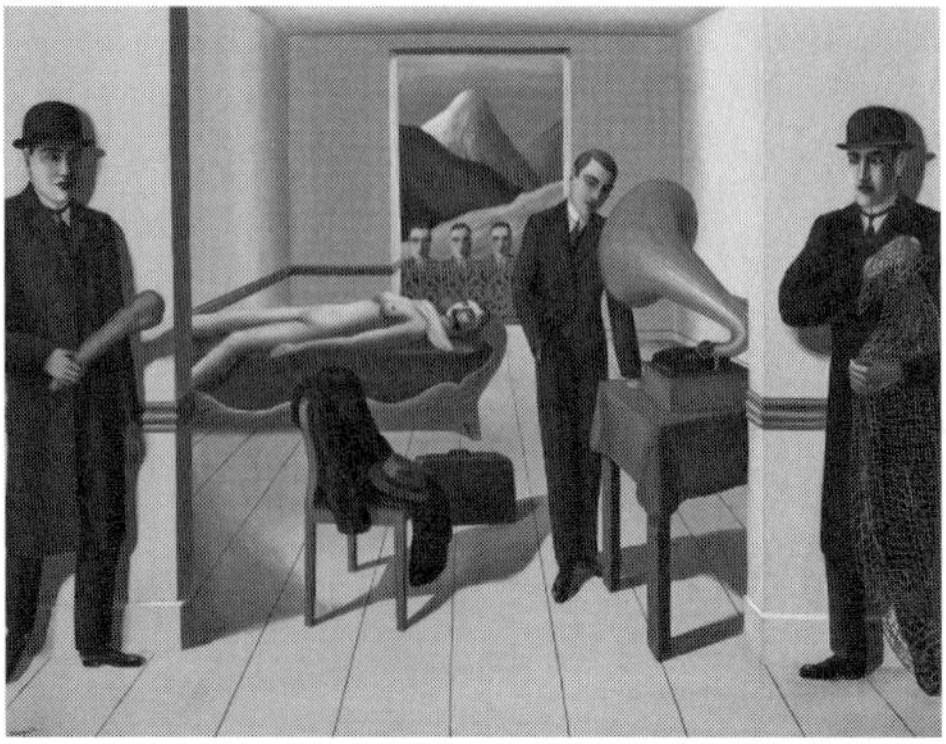
14

14. René Magritte, L'assassin menacé (The Menaced Assassin), 1926 / 同書所収

ク・ダリア殺人現場写真群をもう一度見比べていただきたい。そのなかで、現場写真と最も著しい類似を示唆している芸術作品はどれであろうか。いうまでもなく、それは、妻ジュリエットのソファーに横たわる姿を撮影したマン・レイの写真とデュシャンのあまりにも有名な遺作《与えられたとせよ》であろう。マン・レイとデュシャン、この仲睦まじい親友同士の二人が無残な屍にも親しかったというのは、なんとも意味ありげである。とりあえずは、マン・レイの写真から検討してみよう。

他のシュルレアリストと同様にマン・レイもサドにひとかたならぬ情熱を抱き、そのヌード写真や絵画をしばしばエロティシズムと暴力と死のイメージで彩った。この写真においても、モデルのジュリエットは心地よい眠りに落ちているようにも、あるいは、死、すなわち永遠の眠りに突き落とされてしまったかのようにも見える。腕のポーズと少し傾げた顔の位置は、ブラック・ダリア事件の犠牲者と酷似している。犯人は、マン・レイのこの写真を知っていたかのようである。実のところ、この写真は事件の二年前の一九四五年に撮影されたらしい。さらに想像を逞しくするなら、犯人はこの写真だけでなく、マン・レイの代表的絵画《恋人たち》の巨大な唇

15.
René Magritte,
L'évidence éternelle
(The Eternally Obvious),
1930 / 同書所収

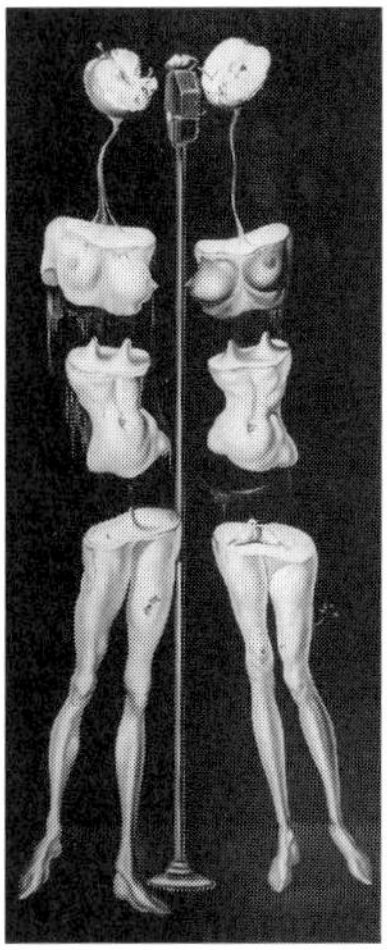

16.
Salvador Dalí,
Art of Radio, ca.1944 /
同書所収

のイメージをも犠牲者の顔面に応用したのではあるまいか。

煩雑に陥らないためにもここで詳細は避けるが、犯人を、当時戦禍を逃れてロスアンゼルスに移住したマン・レイの関係者のなかに憶測する論者も実はいるのである。『ブラック・ダリアの真実』（詳細を知りたい向きには本書をお勧めする）の著者スティーブン・ホデルは元ロスアンゼルス市警の刑事であったが、彼は刑事時代の手腕を駆使して、なんと、実の父であるジョージ・ホデルを著書のなかで告発した。

少年時代はピアニストとしての才を賞賛され、すでに若き頃より事件記者からタクシー・ドライバーに至るまで様々な職を経験し、自費出版の文学雑誌にまで手を染めた、この不思議な経歴の人物は、やがて医師となった。だが、芸術への情熱は棄てず、自らも芸術的な写真に熱中し、個展も開催したという。そして、後にはロスアンゼルスのアート・コネクションや映画業界とも深い関係をもったとおぼしい。マン・レイと、『マルタの鷹』『白鯨』『天地創造』などの著名な映画監督ジョン・ヒューストンとはかなり親しかったらしい。事実、マン・レイはジョージ・ホデルと彼の妻の写真も撮影している。スティーブンの調査報告を信ずるなら、このあたりの人間関係には、胸の悪くなるような、邪悪な秘密結社の匂いが

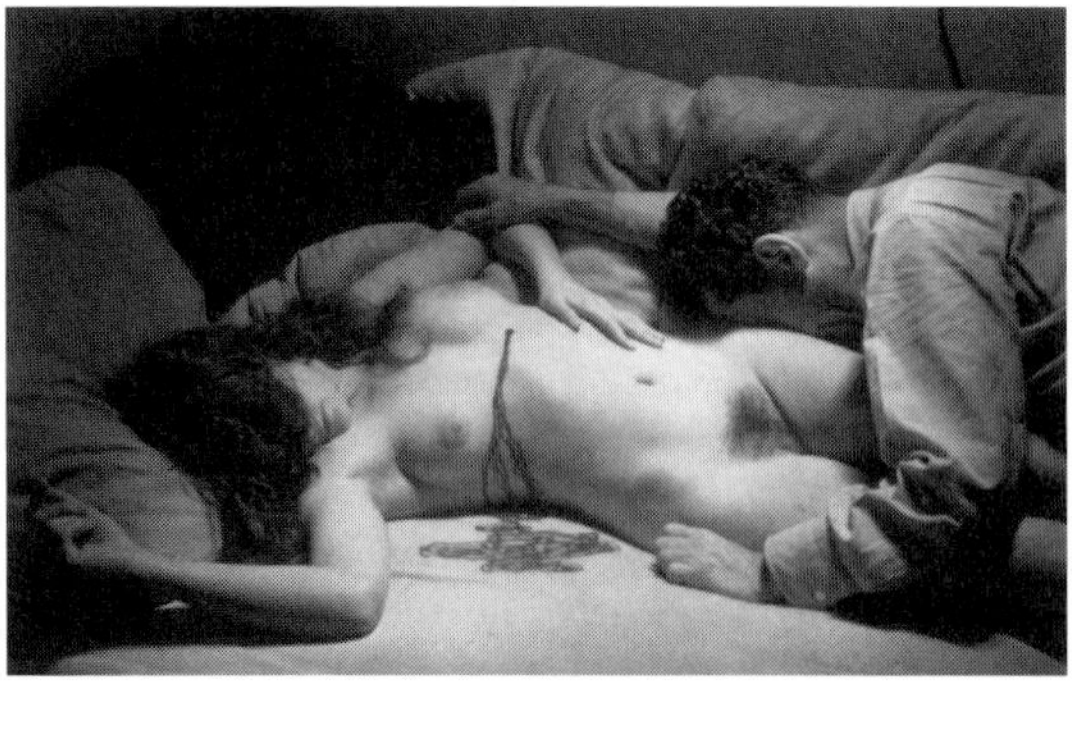

17

17. Man Ray, Self-portrait with “dead” nude from the series La prière (The Prayer),ca.1930 / 同書所収

ぷんぷんと漂っている。やはり息子スティーブンの調べたところによると、父親はシュルレアリスム芸術とサドの思想に強い共感を抱いていたようである。

もし本当に並々ならぬ芸術愛好家のこの医師が犯人であったとするなら、彼は若い魅力的な生身の女性の身体を素材にして、驚異と戦慄の前衛芸術作品を創造しようとしたのかもしれない。破壊衝動の入り交じった性的欲望の全面解放を、夢想のなかで育むのでもなく、また、キャンヴァスにぶつけるのでもなく、現実のなかで実現してしまったのかもしれない。だが、それはあまりにもグロテスクな形に結実してしまった。それも当然であろう、人を創造すること、人を破壊することは人間の法を超越した触れがたき領域に属することであろうから。

事件の後、マン・レイは殺人の現場写真を、どうやら親友のデュシャンに見せたらしい。そして、デュシャンはこの前代未聞のシュルレアリスム殺人に少なからぬ関心を寄せ、悪魔的な欲望の爆発と格闘しながら、グロテスクな現実を再び芸術の領域に呼び戻したのかもしれない。

19
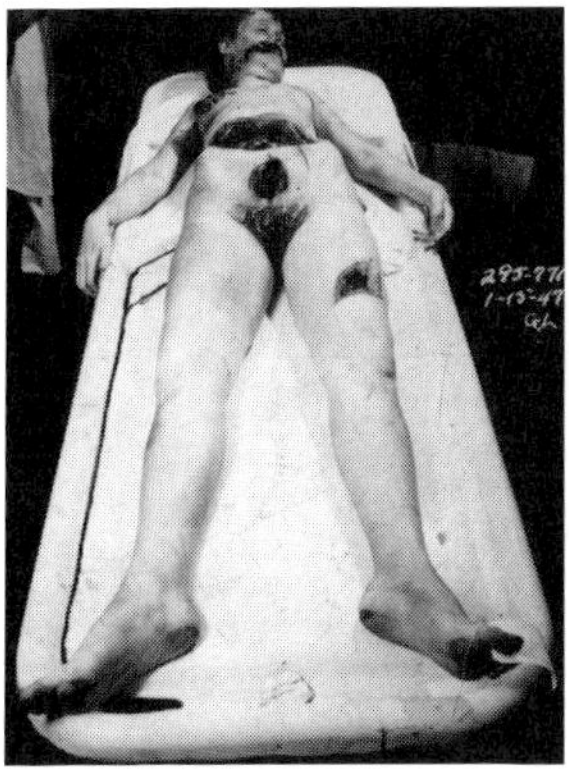

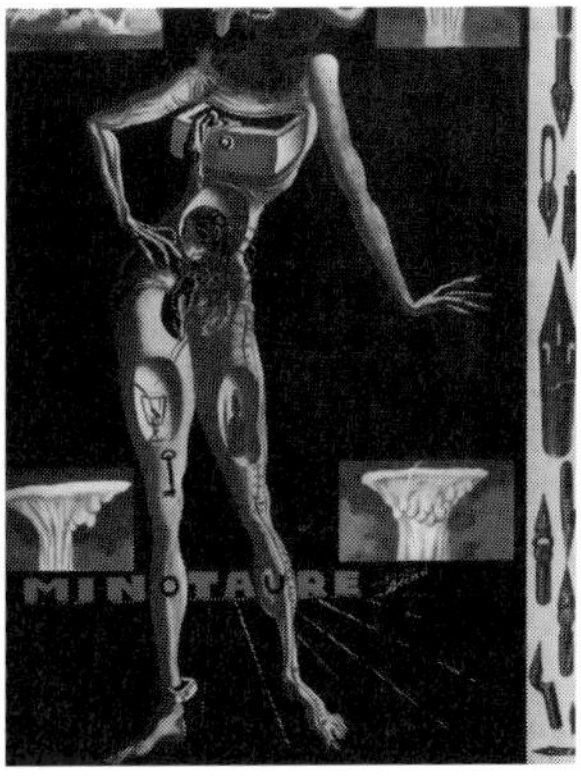

18

18. Salvador Daí, Magazine cover, Minotaure Issue 8, June 15, 1936 / 同書所収
19. Dissecting table photograph—Elizabeth Short murder, January 15, 1947 / 同書所収

不吉な闇のシンクロニシティ

　マーク・ネルソンとサラ・ハドソン・ベイリスの『優雅な死体　シュルレアリスムとブラック・ダリア殺人』をパラパラと繰ってみて、わたくしが最も衝撃的だったのは、告白するなら、この陰惨な殺人事件の犯人が誰であったかという、それなりに説得力もある一仮説ではなかった。無論、犯人がシュルレアリスム関係者か、そうであるならいずれのシュルレアリストと関係があった人物なのかという綿密かつ執拗な推理を、どぎまぎしながら読み進めたのは事実である。

　しかるに、それよりもわたくしが惹きつけられたのは、とある古書店にてこの書物を見た瞬間、各頁にずらりと並べられた殺人現場の写真とシュルレアリストの作品の、あまりにも不吉な類似であった。この書物の最大の魅力は、おそらく、呪わしき殺人の犠牲者のイメージと芸術のイメージの不気味ではあるが、強力な共鳴現象にこそあるのだと思う。

　ダリとマグリットはそのいくつかの作品でブラック・ダリア事件の殺戮者（たち）に胴体の切断やサディスティックな切開を命じ、ベルメール、キリコ、マッソンは惨たらしき屍女体の優雅なポーズを教示する。マン・レイが総合的かつ最終

21
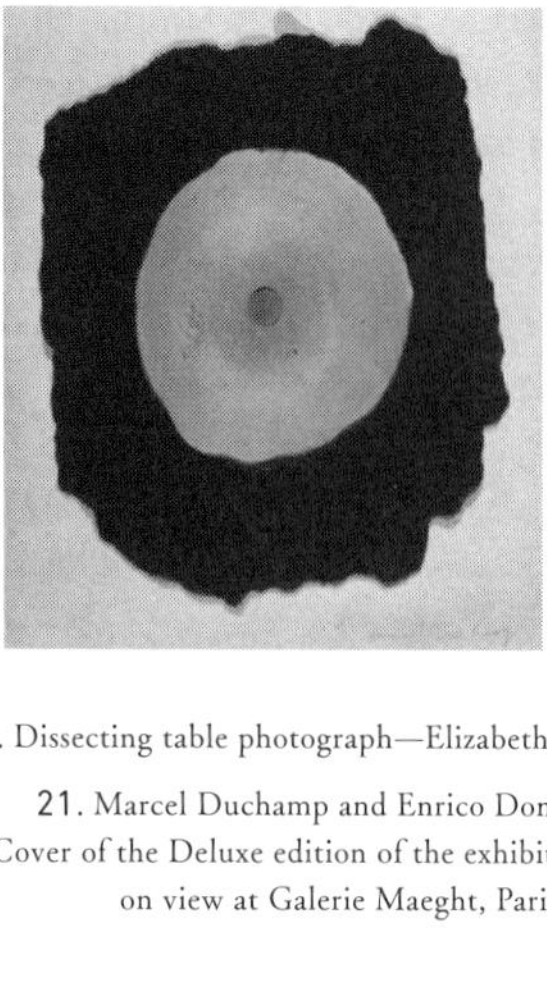

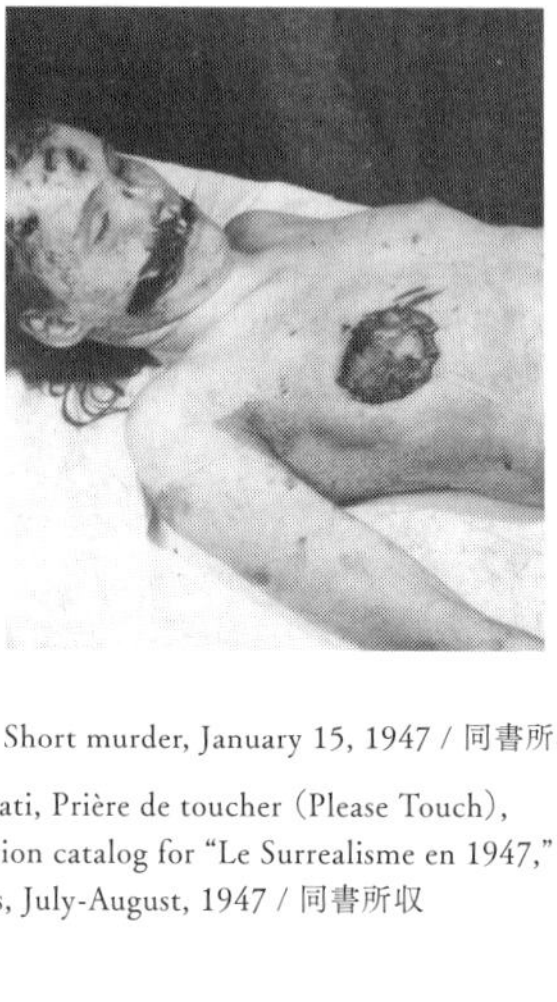
20

20. Dissecting table photograph—Elizabeth Short murder, January 15, 1947 / 同書所収

21. Marcel Duchamp and Enrico Donati, Prière de toucher (Please Touch), Cover of the Deluxe edition of the exhibition catalog for “Le Surrealisme en 1947,” on view at Galerie Maeght, Paris, July-August, 1947 / 同書所収

的な殺戮解体イメージを彼（彼ら）に指示すれば、エルンストは驚くべきことに死体安置所の切断女体の光景を黙示するだろう。

　たとえこの書物のなかで展開される推理に疑問と矛盾が生じ（実際それはいくつか指摘できるだろう）、結局のところ、事件の真犯人がシュルレアリスム関係者とは断定できず、再びブラック・ダリア事件は迷宮のなかにのみ込まれてしまうとしても、現場写真といくつかの芸術作品を並置した瞬間に、もはや禍々しきある種の相関関係が発生してしまったことは拭い去れない。それまでは大した関連性を見なかった各々の作品の群れの中に突如恐るべき惨殺死体のイメージが投げ込まれて、並べられたあらゆるイメージが呪わしき血縁関係で結ばれてしまう。そこには、本当は深く知りたくはないけれども、にもかかわらず強い引力を発揮する、深き闇の、負のシンクロニシティがくっきりとあらわれているのではなかろうか。

　ブラック・ダリア事件の遺体のイメージは、シュルレアリストたちが各々に展開した様々な女体解体像の集合的イメージを最悪の形で実現してしまったといえるかもしれない。

22

23

22. Marcel Duchamp, Étude pour Etant donnés: 1 la chute d'eau, 2 le gaz d'éclairage (Study for Given: 1. The Waterfall, 2. The iluuminationg Gas), 1948-49 / 同書所収

23. Crime-secene photograph—Elizabeth Short murder, January 15, 1947 / 同書所収

Ⅱ-02

伊藤晴雨の秘蔵写真

残酷への郷愁

飯田橋の駅近くに、古きから新しきものまで、風俗資料・SMマニア資料を大量に収蔵する私設の会員制図書館がある。その名を「風俗資料館」といい、知る人ぞ知る奇特な場としてマニアのみならず、その方面の研究者や様々な編集者などにも親しまれている。そこの収蔵品のなかには、雑誌・書籍の他に、蒐集家より寄贈された貴重な原画や生写真の類も含まれる。

ここにご紹介する、SMと単純に呼ぶにはあまりにも惨たらしい写真も、厳重な管理のもとに保管された秘蔵の生写真の一部を、資料館館長の許可を得て特別に公開するものである。

そして、これらは、責め絵のパイオニア、責めの大家として名高き、かの伊藤晴雨が関わったとおぼしき膨大な生写真群から、ほんの一部を厳選したものである。「伊藤晴雨が関わった」と記すのは、通常「晴雨の写真」と呼ばれている写真群

風俗資料館所蔵の生写真

が、実のところ、晴雨自身が撮影したものではないからである。晴雨は幾人かの写真家に撮影を依頼しただけで、自らが機材に触れたことはなかったといわれているのである。想像するに、彼は写真家たちに構想を伝え、細かい部分に指示を与えて、印画紙に浮かび上がったイメージを自身の責めに対する熱き探求に役立てていたのであろう。

それゆえに、「晴雨の写真」というものが、どの程度彼自身が関わったのか、非常に判断のむずかしい問題となったのは事実である。ここにとり上げた写真も、晴雨が関わった可能性が高いというにとどまざるをえないということを、まずはお断りしておくべきであろう。

晴雨は、すでに戦前より写真撮影の実験を試みていたらしい。今とはちがい、写真撮影に大変な時間と労力を要した時代のことである。相当の情熱を傾けてのぞまれたとおぼしいが、無念なり、それらの写真原版は戦災によって失われてしまったという。ただ、愛好家に流れたプリントの一部は今も時折古書の世界にあらわれて蒐集家たちを賑わせる。

晴雨の撮影エピソードのなかでも、臨月の妻を寒中半裸にし、緊縛状態で逆さ吊りにして撮影した無残極まる嗜虐写真

風俗資料館所蔵の生写真

や、雪のなかでの凄惨な責め写真は、現在では伝説となっている。とりわけ、妊婦逆さ吊り写真は、同時代の性の探求者・梅原北明の手に渡り、北明主宰の風俗雑誌『変態資料』(大正十五年)に許可なしで掲載されて読者の度肝を抜いた。

晴雨は、写真撮影に関する発言において、その目的を「研究」という言葉でしばしば説明する。いうまでもなく、それは責めの「研究」である。なぜ「研究」が必要だったかといえば、それは空想のなかで責め苛まれる女の姿を思い浮かべるのでは飽き足らず、拷問責め地獄の渦中に閉じ込められたまま、壮絶な苦しみにもがき、どうすることもできないリアルな女の姿を見たかったからであろう。

責め苦の極致に立たされた女は、いったいどういう姿になり変わるのであろう、肢体はいかなる蠢きを繰り返すのか、表情の豹変ぶりはどうなのか、黒髪はいかに舞い狂うのか、そして、何よりも女の心はどのような変貌を遂げてしまうのであろうか…晴雨が飽かず求め続けたのは、想像を絶するような女の姿であり、裸形の、禁断の残酷そのものではなかったろうか。

それゆえ、写真のイメージは責め絵師の熱のこもった指示

風俗資料館所蔵の生写真

により、「淫猥な」という表現よりは「残忍な」という表現に可能なかぎり近づけられているように思われる。そこには、淫猥というにはあまりにも異様な情景もときに見られるだろう。容赦なき責めにぐったりと萎え、一瞬、屍と見紛うがごとき女体すらもとらえられている。それは、陰惨な拷問の現場写真をも髣髴とさせよう。責め苛まれ続けた果てに死の寸前まで追い込まれた女体…晴雨は、そのぼろぼろの肉体に刻まれた、いまだ見たこともない官能の彼方の痕跡、エロスの異界の爪痕をのぞき込もうとしたのであろうか。

そして、ときに女たちは、逃れることかなわぬ奈落の底から不気味にも息を吹き返してくることがある！ 痛めつけられた女たちは、苦悶と恐怖と絶望に満ちた視線を呪詛迸る眼光へと転じさせ、黒髪に妖気をこめながら、あたかも幽霊のごとき恐るべき形相を投げ返してくることもあるのだ。そこでは、晴雨の得意とする画題の一つであった幽霊画の、身も凍るような霊界の女のイメージがたしかに二重写しにされていると感じさせられる。

そのとき、晴雨の望んだ残酷のイメージは人を超えた霊気を纏い、われわれの性感を刺激するのではもはやなく、われわれの脳髄に戦慄の傷跡を刻み込むだろう。

金井行雄, 棒折檻・仕置き／
秋田昌美著・濡木痴夢男監修・不二秋夫写真監修
『日本緊縛写真史 1』(1996, 自由國民社) 所収

Ⅱ-03

藤野一友／中川彩子 幻想サディズムのユートピア

中川彩子と称する謎の挿絵画家がかつて風俗誌『風俗草紙』に登場したとき、当時のSMマニアの間には少なからぬ衝撃が走ったようである。濡木痴夢男氏の『「奇譚クラブ」の絵師たち』には次のように記されている。

「この中川彩子の筆になる西洋風の責め絵は、新鮮で、強烈な個性をもち、『風俗草紙』の中でひときわ目立った。当時、中川彩子のイラストだけをコレクションしたいためにこの雑誌を購入したマニアが相当数いたはずである」

中川彩子は一九五〇年代より『風俗草紙』の表紙絵や挿絵を描き、後に濡木氏が編集に携わった『裏窓』にも寄稿するようになる。それらの掲載誌で、中川はおもに、野蛮と残酷の嵐が吹き荒れていた古代のヨーロッパや、あるいはまだ陰惨な拷問の伝統が残されていたヨーロッパ中世を舞台に、執拗なまでの責苦に曝される、肉感豊かな白人美女の被虐美を描き続けた。淫虐に捧げられた白人女性は逞しく、張り裂けんばかりの肉身を捩り、恐怖と苦悶の翳を表情

中川彩子『画集 縄と女』(1971, 譚奇会) 所収

に刻み込んで、女の脂肪肉の濃密な匂いをぷんぷんと漂わせる。濡木氏が「…あの当時、印象に残っている画家はだれかときくと、ほとんど全員が、喜多玲子と中川彩子の名をあげる」とまで書く、中川の挿絵は、まさしく、当時のマニアたちの垂涎の的であったにちがいあるまい。

それは、実のところ、中川自身も、責め苛まれ、被虐の深淵に突き落とされた女性の救いなき姿に快美を見い出すマニアであったからにほかならない。そう、「中川彩子」という女性の筆名をもちいてマニアたちを狂喜乱舞させた絵師は、実は男性の画家だったのである。しかも、当時、澁澤龍彥や三島由紀夫から賞賛され、すでにその名を知られていたシュルレアリスム系の画家・藤野一友がその正体であった。

それかあらぬか、中川彩子名義の風俗誌掲載作品にも、通常のSM画とは異なる、独特の奇想と幻想のスパイスがしばしばまぶされている。古代、あるいは中世ヨーロッパの拷問シーンにしても、どこの国とも知れぬ、サディズムのユートピアといった印象を与えるし、裸の女が広告用の気球に吊るされて辱められるというような、大胆な発想に基づく責め絵も多く見られる。また、女を責め立てる拷問器具を描くときも、中川は非凡な空想力を発揮し、現実にはありえないような奇抜なサディスティック・マシーンを考案する。

同書 所収

要するに、表の顔は、二科展でも将来を期待されていたというシュルレアリスム系の洋画家・藤野一友、そして自らの嗜好を満たすために用いた裏の顔が、とりあえずは、風俗誌の挿絵画家・中川彩子ということになろうか。だが、この二つの芸術的人格はそれほど乖離したものではあるまい。

実際、藤野は表の顔でもエロティックな幻想を描いてきた。彼の幻想絵画では、成熟した魅惑的な裸婦が分解・解体したり、他の物体とエロティックな融合を果たしたりする。あるいは、女が怪物的な変貌を遂げることもある。画面全体は冷酷なまでの静寂に浸され、謎めいた空気に満たされているが、そこにはサディスティックな匂いを嗅ぎつけることも可能だろう。

そもそも、女性の身体に対するサディスティックな欲望は、本家シュルレアリスムにも深く浸透していたものである。シュルレアリスムの提唱者アンドレ・ブルトンを始め、多くの海外のシュルレアリストは、サディズムという言葉の由来となったマルキ・ド・サドを崇拝していた。サルバドール・ダリも、マックス・エルンストも、ルネ・マグリットも、ハンス・ベルメールも、アンドレ・マッソンも、名を知られるシュルレアリストのほとんどは女体の切断・解体と再編成に夢中になったし、サディスティックな欲望を隠そうとは決してしなかった。写真家のマンレイはその作品のなかで緊縛や殺人衝

同書所収

動を想起させるシーンに手を染め、女性への陵辱を匂わせるようなポルノ的なイメージの痕跡さえも印画紙に残している。つまり、シュルレアリスムそのものがサド文学を通じて、エロスの猛毒をその核心に注入されているわけである。シュルレアリストのエロティックな作品群を見ると、彼らにとって性愛とは残忍かつ凄惨な拷問以外の何ものでもないのではなかろうか、といった印象さえ受けるだろう。

海外のシュルレアリスムの薫陶を受けた藤野一友が、彼らのサディズム幻想に精神の深い部分で共鳴したとしても何ら不思議はない。そして、藤野が「中川彩子」という分身を拵えたとしても、やはり、二つの芸術的人格はサディズムという秘められた道で通底しているはずである。

藤野一友、すなわち中川彩子は、三七歳で不幸にも再起不能の病に斃れた。そして、四十代という若さでこの世を去ることになった。

同じくシュルレアリスム系の画家であり、風俗誌の挿絵も数多残した秋吉らんとともに、超現実の衝撃とサディスティックな嗜好を見事に融合させた特異な画家として、藤野一友＝中川彩子の仕事が美術愛好家にも、マニアにも永久に記憶されることを切に願う。

同書所収

Ⅱ-04

女性器アートの三人
恥辱の性史からの解放

つい数ヶ月前、『週刊ポスト』誌（二〇一三年、七月二十六日号）で「アートとしての女性器写真」と題した袋綴じ企画に関わり、概要のような小文を寄稿した。

女性器写真というと、わたくしも以前、拙書『禁断異系の美術館3 エロスのハードコア』にてとり上げたフランスのアーティスト、アンリ・マッケローニ（一九三二年生まれ）がすぐに思い浮かぶが、『週刊ポスト』では比較的近年のアーティストとして、アメリカの彫刻家ジェイミー・マッカートニー（一九七一年生まれ）とノルウェーの写真家ペッター・ヘグレ（一九六九年生まれ）をすでに取材済みであった。ジェイミー・マッカートニーは五年がかりで十八歳から七十六歳まで五七一人にのぼる女性の性器の石膏模型を制作し、ペッター・ヘグレは十八歳から八十歳まで様々な国籍・人種の剃毛した（陰部の形状を際立たせるためという）女性の性器を二十人分にわたり接写し「Yプロジェクト」と称して発表した。そして、彼らのインタビ

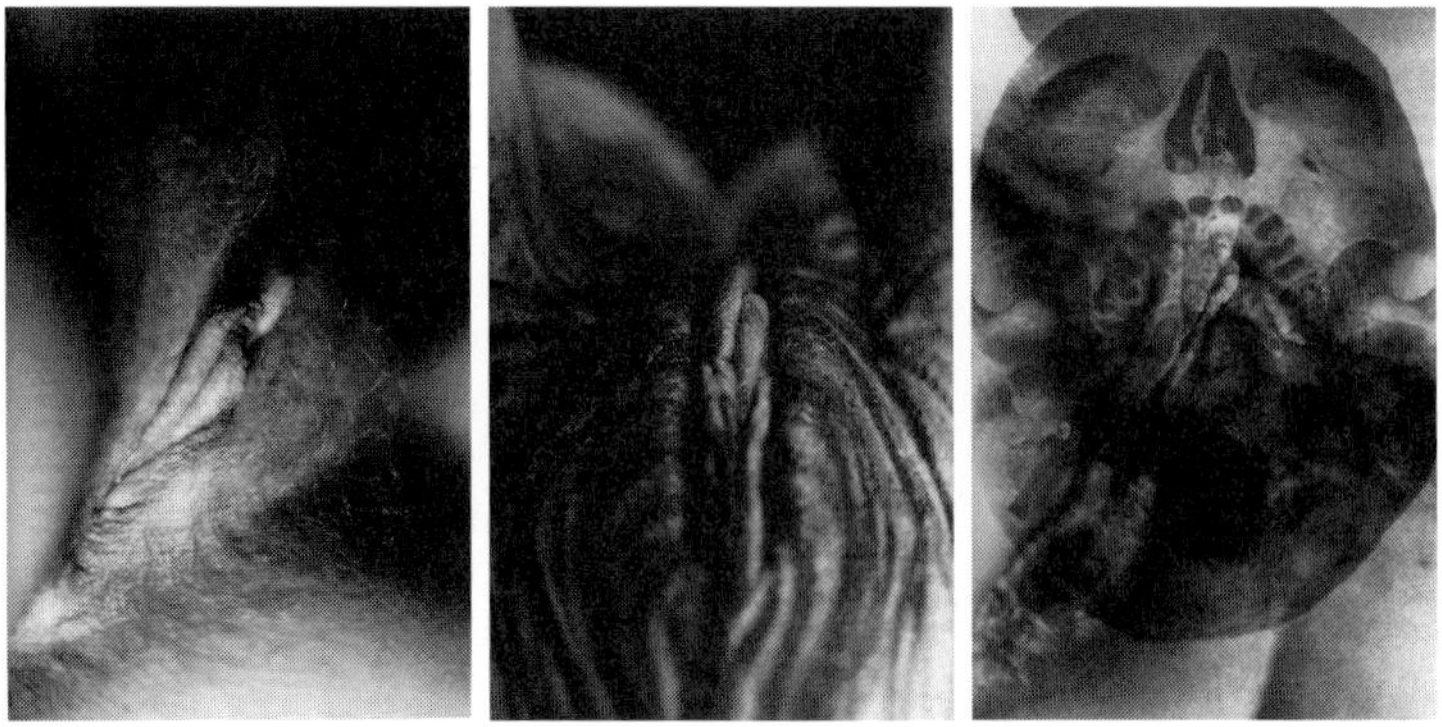

CLAUDE LOUIS-COMBET, *LE CHEMIN DES VANITÉS D'HENRI MACCHERONI*
（2000, JOSÉ CORTI）所収

ューを読むかぎり、いずれもが作品のコンセプトとして女性の性器が個性的で美しく、なおかつ千差万別、十人十色であることを掲げている。ずらりと並んだ幾人もの女性の性器の姿は、たしかに、非常に多彩な印象を見る者に与えるであろう。

一方、彼ら若いアーティストの大先達といって過言ではないアンリ・マッケローニは、後継の者たちとは対照的に、ただ一人の女性の性器にテーマを絞り、数年を費やして二千枚にも及ぶクローズアップ女性器写真集成を早くも七十年代に達成した。（七八年には二〇〇〇枚の女性器写真から一〇〇枚を厳選し、『イマージュ・オブリック叢書』の一冊としてボルドリ書店より写真集もまとめられた。なお、ボルドリ書店の大冊雑誌『オブリック』が二〇〇〇年に突如復刊され、その特集がまるごとマッケローニに捧げられたという情報もつけ加えておこう）カメラに収められた膨大な数の下腹部の表情は顔の表情に劣らず豊かであり、ときに美しく、ときに驚異的で、またときには神秘的ですらあった。このシリーズで、マッケローニはただ一人の女性の性器がすでにして多様性を抱え込んでおり、それ自体がかぎりなく豊かなものであるということを提示したのである。

また、マッケローニはこのシリーズの他にも、未開民族の呪術的な化粧や刺青を髣髴とさせるペインティングを女性の下腹

監修・植島啓司『アンリ・マッケローニ作品集』
（1993, アート・スペース 美蕾樹）所収

部に施した「エジプト・シリーズ」や、女性器のイメージに髑髏のイメージをモンタージュした作品なども精力的に試みて、女性の性器がかつて担ってきた（今では忘れ去られた）意味の古層へと見る者をいざない、そこにおいてはいまだ女性器のイメージが失わずにいた象徴的な力に対して考古学的ともいえる関心を呼び覚ます。

*

このように、表現の手段やコンセプトは違えども、奇特な三人の現代アーティストたちは、男性の性器とはまったく異なった女性の性の徴に固有の価値を見い出そうとし、そのイメージをポジティブに評価しようとした。だが、過去の歴史を振り返ると、西洋では長きにわたり、女性の性の徴は屈辱と不名誉を押しつけられてきたのである。

現代の女性器アートを紹介するこの小文で、かつてキリスト教西洋において女性の性の徴が舐め続けてきた辛酸について触れるのもあながち無駄とはいえないだろう。少し横道に逸れることにはなるが、ここにその一端を記しておきたいと思う。

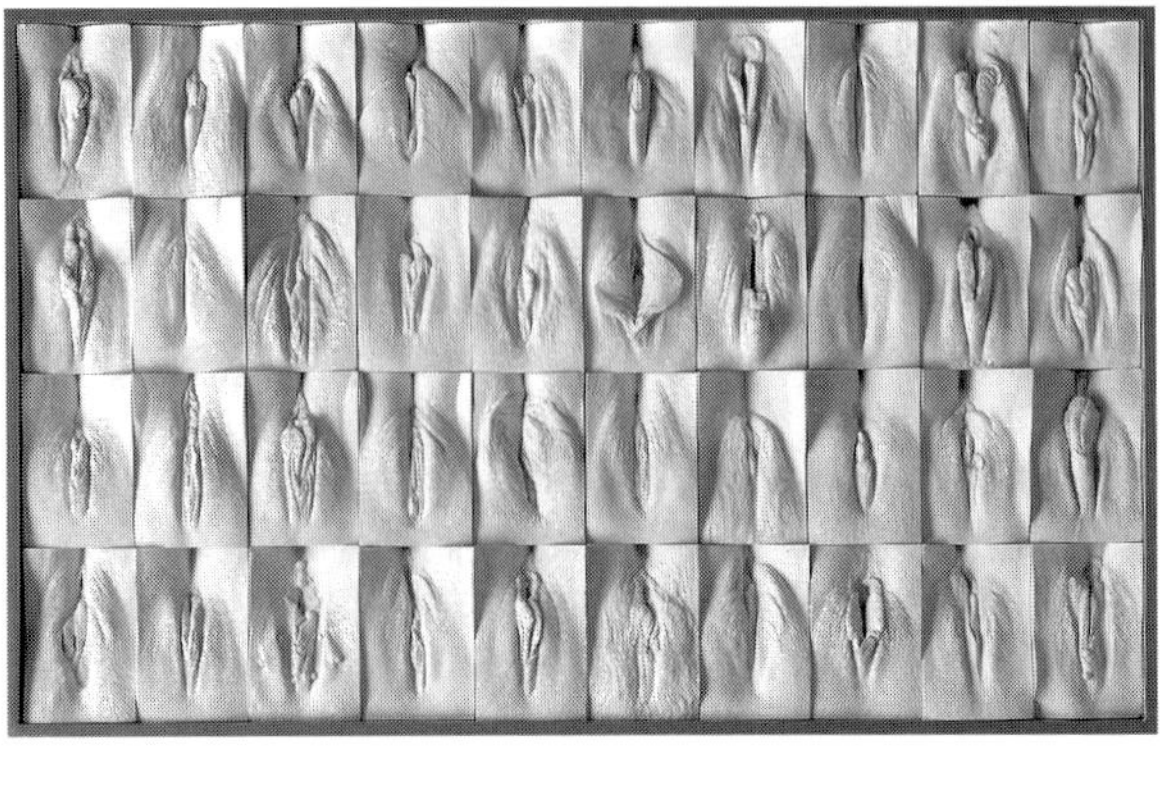

Jamie MacCartney, The Great Wall of Vagina（2011, Jamie MacCartney）所収

ミハエル・バフチンの指摘するところによると、女性の身体－性器は、中世を通じて、その生理現象、セクシュアリティの性格、懐妊の機能から貶められ、恐れられ、ネガティブにグロテスクと見なされていた。どういう理屈かというと、ざっと次のようなことらしい。

女性の身体－性器は生理現象により血液を〈外〉へ流出し、性交時には男性の性器を〈外〉から受け入れ、出産に際しては〈外〉へと胎児を産み落とす。すなわち、女性の身体－性器は生理・性交・出産において、常に外部との交流を図る。

それゆえ、女性の身体は外の世界から分化（分離）しきってはおらず、生殖器官によって外部と通じ合い、場合によっては外の世界と融合してしまうベクトルをも孕んでいると想像された。要するに、女性の身体は生殖器官の部分でいまだ閉じられてはおらず、外の世界に開かれたままの状態にあるので、一個の人間としての境界もはなはだ曖昧、かつ、きっかりと確定されていないと見なされたわけである。

女性の身体はまだ変容の状態に置かれており、生成変化の過程にある。それは、女性の身体が進化の過程の途上にあり、一個の人間として完結していないというように判断された。

一方、男性の身体－性器はどうかというと、外部との交流を

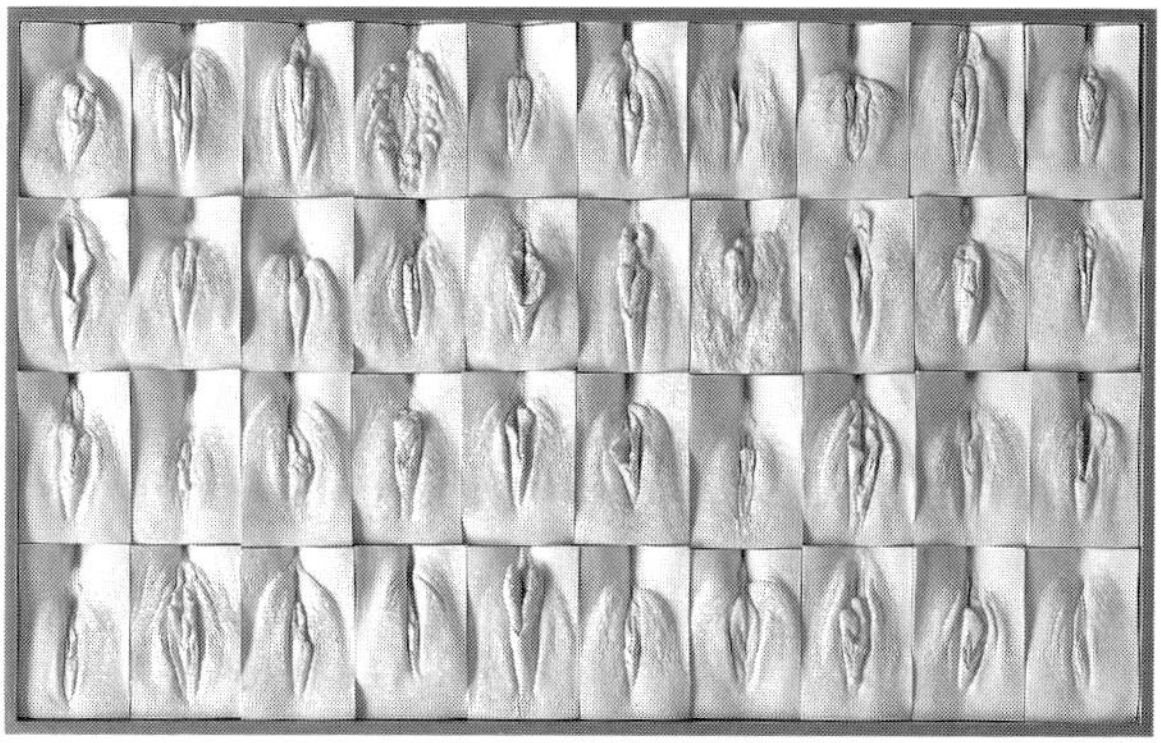

同書所収

暗示する生理現象も出産もないし、性交時には〈外〉からの介入を受けることもなく、ただ女性の身体という〈外〉へ侵入するだけだから、まあ、都合よく、閉じられて完結した一個の存在と考えられたのである。

女性原理から徹底的に有効性と価値を剥奪しようと目論む男権的社会システムのことである、当然のごとく、見方によっては羨むべき能力でもあるはずの、閉塞の回避と外部への開放、あるいは変容と融合の可能性といった性格にポジティブな評価を与えられることはなく、それらの性格は未完の状態として否定的に認識された。いうなれば、女性の身体は、男性という完成形へと進化しきっていない、より劣った未熟な段階にあると考えられたのである。

実は、これと同様のことは、おそらく十七世紀くらいまでは社会的に有効性を保っていたとおぼしい、アナクロな古典的性科学においても強調された。

古代の医学者ガレノスの考案した性のシステム理論では、そもそも性というものは一つしか考えられなかった(ワン・セックス・モデルと呼ばれる)。すなわち、性は男の性しか認められておらず、女性という性は男性の劣った形態と見なされていたのである。女性という性は、男性へと進化すべき中途でとどま

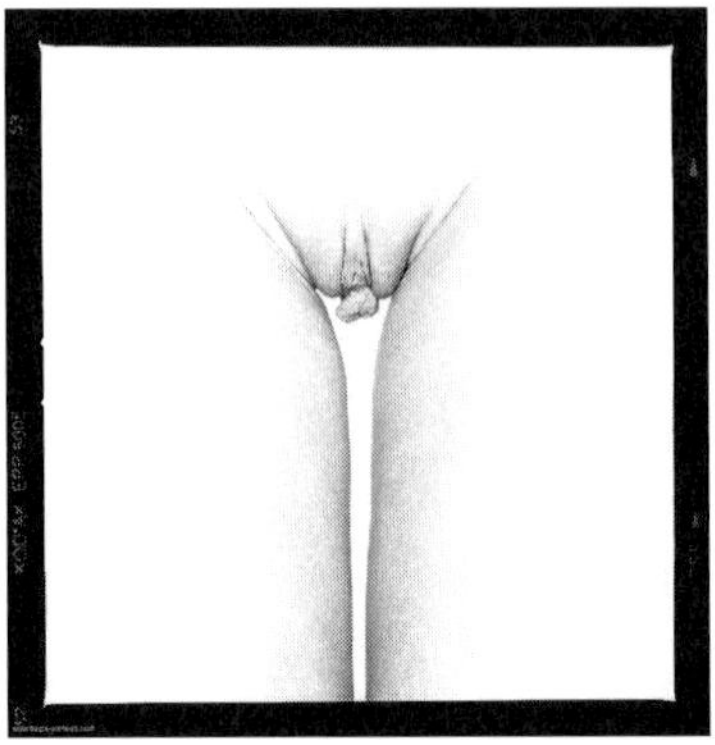

www.hegre.com/ より

ってしまった未成熟な、不完全な状態にすぎないと医学的に認識されてしまったわけである。

その理屈は、わかりやすく単純化していうと、次のようになろうか。女性の生殖器官に着目すると、男性生殖器官と相似した部分が発見されるが、ただそれらの類似点は身体の内側に認められる。（一例を挙げると、卵巣は睾丸と同一視され、子宮の両側に一つずつ付いていると考えられた）どうやら、女性の生殖器官は、内側を向いた男性生殖器官のようなもので、ひっくり返せば、男性の生殖器官とそっくり似たものとなるであろう。

では、なぜ女性の生殖器官は内側にこもったままの状態でとどまってしまったのであろうか。それは、女性が生殖器官を内側から外側へと押し出すのに必要な熱エネルギーを保持していなかったからである。女性は、生理現象で血液を放出するため、男性と比較すると、もとから熱エネルギーを失してしまっている。（この熱エネルギーというのが、古典的性科学では存在のランクを決める重要なファクターであったようだ）それゆえに、女性は完全な人間である男性へと到達する前に、不完全な状態で足踏みしてしまったのである。こうして、女性の身体―性器は、医学の領域でも屈辱的な地位に貶められることになった…

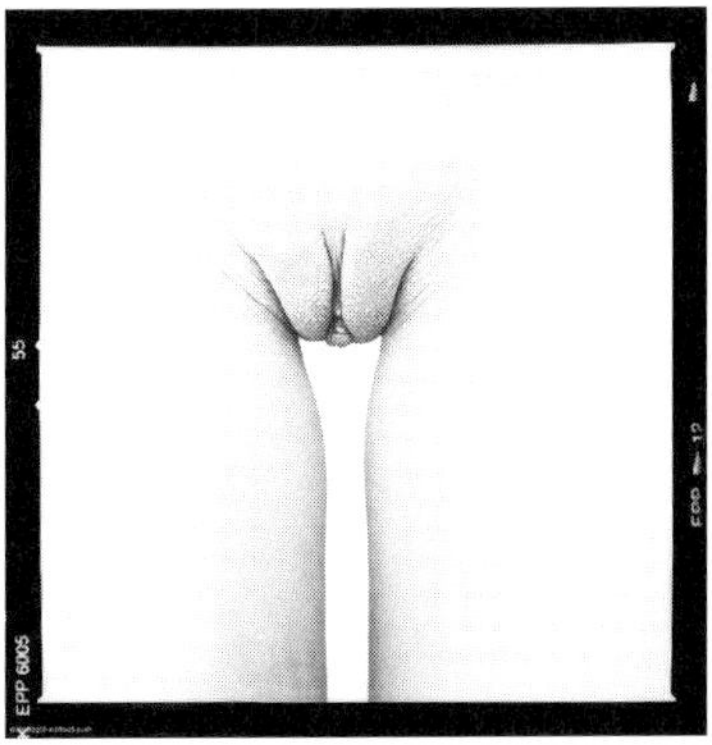

www.hegre.com/ より

女性器をテーマとした三人の現代アーティストたちは、基本的にはみな、男性原理により枠づけられた解剖学的・医学的イメージ、生理的・生殖的イメージ、あるいは性的（すなわちポルノ的）イメージから女性器のイメージを解き放ち、純化しようと試みたかに思われる。ただ一人、マッケローニだけは一人の女性の性器を執拗なまでに追及したため、女性器のイメージが孕む多様性とダイナミズムをよりクローズアップさせることに成功したといえようか。

　また、ジェイミー・マッカートニーとペッター・ヘグレがあくまでも女性の性器はその顔と同様に個性的であるという点を強調したのに対し、マッケローニはむしろ女性の性器の神秘的な無名性にアプローチしようとしたのかもしれない。マッケローニの無数の女性器写真は、もしそれらが「一人の女性」のものであるということを知らされていなかったとしたら、そのあまりにもの多彩さ・多様さゆえに、おそらくわれわれはそれらを何人かの女性の性器写真と見紛ってしまうであろう。一人の女性の性器が何人もの、究極的にはすべての女性の性器を予感させる。（その予感を裏返せば、すべての女性の性器はある一人の女性の性器であるということになる）名前のある一人の女性は数多の女性へ眩暈のうちに分散していき、個の混乱を通過して

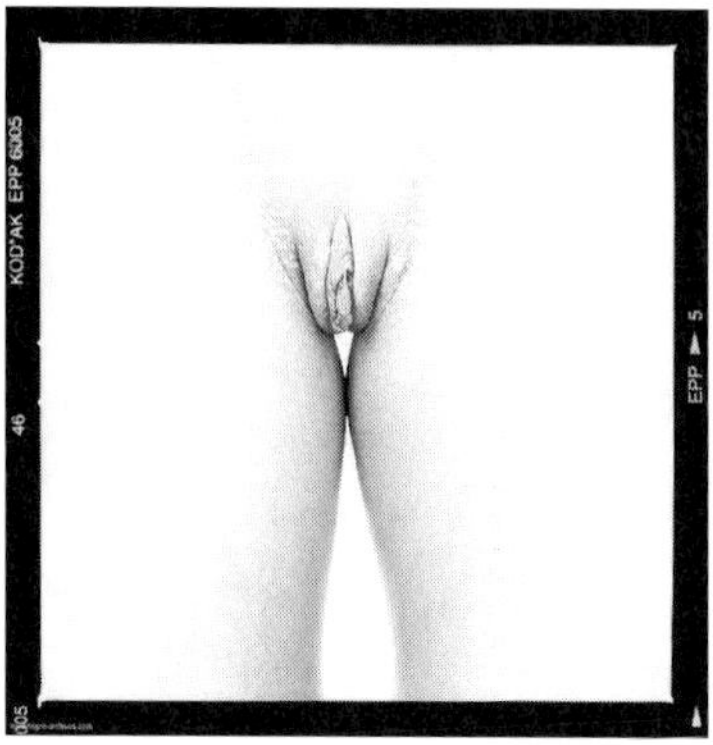

www.hegre.com/ より

最終的に彼女らは無名の女性へと融解してしまう…マッケローニはそのような思考のベクトルへわれわれを導いていこうとしているかにも思われる。

　しかしながら、一人の女性のものであり同時にすべての女性のものである魅惑の隠された核心の探求というのは、現実的には永遠に続けざるをえないたぐいの探求なのではなかろうか。（だからこそ、われわれはマッケローニの撮影行為に終わりがないとの予感を覚えるのだろう）それは、核心につねに近づき続けるであろうが、決してそこに到達することのない探求でもあろう。いうまでもなく、それは隠された魅惑の核心と完全に一致するただ一枚の特権的なイメージにいつの日か巡り合えるという希望に支えられた探求ではなく、もしこの探求が完遂・終結されることがあるとすれば、それはいわば一挙に、そして一瞬のうちに無限のイメージすべてを把握することに他ならないのだろう。

　それにしても、つまるところ、その無名の女性とはいったい何者なのか…モノトーンの女性器は光と闇の両極を行き来しながら変容を繰り返す運動として、深遠なる謎をわれわれに突きつける。

www.hegre.com/ より

II-05

未開の地の呪物人形
アフリカのパワー・フィギュール

妖異なる未開の像はフェティッシュなのか?

何とも、見るからに不気味なオブジェである。不気味を通り越して、禍々しいというべきであろうか。

一見して、黒い木彫人形に惨たらしくも無数の釘を打ち込み、ときに我々からするとがらくたにしか見えないこまごまとした物品類をその胴体に付着したとわかる、これら奇怪極まるオブジェは、中央アフリカ(主にコンゴ)で発見された一般にnkisi(複数形はminkisi)と称されるものである。日本人であるなら、おそらくは即座に、やはりその身に五寸釘を打ちつけられた呪いの藁人形を思い浮かべるであろう。すなわち、ある種の民間的な護符や魔除けであるが、より正確には、護符や魔除けの防御がいわば攻撃に反転されて、憎悪の対象や敵へとその魔力を集中させる呪具というべきか。

どうやら、これらをはじめて目のあたりにし熟慮熟考を重ね

Female power figure (nkisi),
Kongo people (Manyanga),
Central Africa /
Edited by Anthony Shelton,
Fetishism :
Visualizing Power and Desire
(1995, The South Bank Centre /
Lund Humphries) 所収

た十九世紀から二十世紀初頭にかけての西洋人たち（宣教師、開拓者、旅行家、行政官など）も、疑念の余地なく、中世の魔法のような自国の古い民間信仰を想起したらしい。彼ら昔日の西洋の研究者らは異国の未開民族によって残されたこれらのオブジェを、（明らかに実は人物像であるにもかかわらず）自分らキリスト教徒の崇拝するような聖像ではなく、悪霊から身を守るための護符・魔除け、あるいは自らに有益な精霊と友好関係を結んで敵対者や悪疫を撃退する呪具といった、いうなれば現世利益的で卑俗的な魔法の道具にすぎないと見なしたわけである。

nkisiの機能の一つが護符・魔除けなのは、おそらくたしかなことであろう。だが、西洋人は最初に抱いた決定的な先入観を拭うことができなかったがために、その他にも重要な機能が十分考えられる可能性があったにもかかわらず、そこに目を向けることを怠ってしまったといえそうである。

それゆえ彼らは、護符・魔除けを意味したポルトガル語のfeiticoに由来するfetishという術語を、迷うことなくそれらの呼称として採用した。そして、フェティッシュを保管し、おそらくはその秘密を熟知する特殊な神官（nganga）を呪術師、魔術的医師と決めつけた。

Power figure (nkisi)
with plumed headdress,
Kongo people (Vili),
Central Africa /同書所収

要するに、その時代の西洋人研究者たちは、アフリカの宗教観はいまだ未熟で迷信に支配されており、高等宗教であるキリスト教の神に相当する観念は知られていないと結論づけ、彼らの信仰を宗教の発展段階において原始的状態にあるフェティシズムと規定したのである。

現在ではその使用領域を性科学にまで拡大され、「フェティッシュ・ファッション」などという使われ方をすることもあって若干おしゃれな意味合いをも含むようになったフェティシズムという呼称は、少なくともここでは未開人に対する西洋人の優越性を強調する明らかな蔑称であったといえよう。ただし一方では、未開人の劣等性は無垢と無知の結果であり、それは矯正不可能な生来の性質ではなく、西洋的理性によりいかようにも改善することのできる欠陥にすぎないという、まことに都合のよい理屈も共有された。それは、宣教の必要を強く支持するための口実でもあったにちがいあるまい。

実に一九〇九年、レオ・フロベニウスが革新的名著『人類の幼年時代』で、「フェティシズム」は十五世紀ヨーロッパの迷信や魔術に適用された曖昧な概念にすぎず、それを異国の宗教的慣習に使用すべきではないこと、そして、nkisiと呼ばれるアフリカのオブジェは、フェティッシュという先入観と偏見の歪曲レ

Jan Sanders van Hemessen,
Saint Sebastian,
Triptych (central panel),
1530 / 同書所収

ンズを通して見るのでないならば、護符・魔除けである以前に明らかにある種の宗教的人物像（ときに動物像）であることを主張するまで、nkisiをたんなるフェティッシュと見なす誤認に決定的な打撃が加えられることはついぞなかったのである。

キリスト教とアフリカ信仰の融合？

nkisiの機能が、護符・魔除け（フェティッシュ）だけに限定されるべきではないのは確実であると思われる。しかるに、nkisiの起源は謎であり、おそらく今後も謎のままであろう。

十五世紀の終わりにヨーロッパ（ポルトガル）がコンゴを発見したすぐ後、コンゴ王アルフォンソ一世はキリスト教に改宗し、様々な種類の土着の聖像が燃やされ破壊されて、それらアフリカの聖像は十字架やキリスト磔刑像やキリスト教聖者の像にとって代わられた。

その後の長きにわたる断続的な西洋との接触が、コンゴの土着文化に大きな影響を与えたのは想像にかたくない。それゆえに、nkisiがコンゴとヨーロッパとの最初の接触以前から存在した可能性は否定できないものの、おそらくは異文化との出会い

Artist unknown,
Our Lady of the Seven Pains,
1520〜30 / 同書所収

が土着の像にも反映されてきたであろうという見解も強く支持されている。実のところ、nkisiが集中的に発見されたかつてのコンゴ川周辺（現在のザイール川周辺）は、ヨーロッパとの接触が五〇〇年以上にわたり頻繁に起こった地域でもあった。

すなわち、（元来は土着の神像であったのかもしれないが）今われわれが目にすることのできるnkisiの多くは、アフリカの信仰とキリスト教の融合から生まれたのではないかというわけである。具体的に指摘するなら、たとえばnkisiに打ち込まれた数多の釘は、宣教によりその地にもたらされたキリスト磔刑像や、幾本もの矢をその身に放たれて殉教した聖セバスチャンの像などから土着の民がインスピレーションを得たのではなかろうかということである。

起源においてはキリスト教到来以前から信仰の対象となっていた、土着民に馴染みの像が、やがて西洋の侵略と共に浸透した高等宗教の影響を長きにわたって受け続け、現在のnkisiとなった。ただし、このように無数の釘を身に纏うコンゴの人像がキリスト教の磔刑・殉教イメージに影響を受けたものであるとしても、それらが福音主義や救済思想といったカトリックのイデオロギーをも体現しているかというと、はなはだ疑問ではある。むしろ、キリスト教のイメージはその思想というよりはた

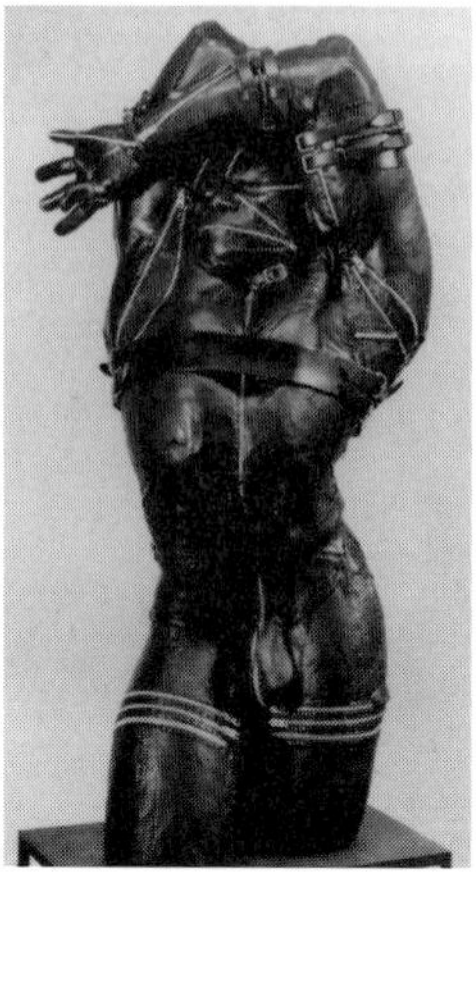

Nancy Grossman,
Male Figure, 1971 /
同書所収

だ形式として定着したのであり、自分らを征服したヨーロッパ（ポルトガル）の力の象徴にすぎなかったとする研究者もいる。すなわち、キリスト教のイメージはnkisiの超常的な威力を補強する役割を担ったにすぎないのではなかろうかというわけである。

未開の信仰の起源を探る

さて、かりに現存するnkisiがアフリカ土着の信仰にその地に布教されたキリスト教がミックスされて作り出された偶像だとして、では、もとの土着信仰とはそもそもいかなるものであったのだろうか。それを復元し明確に提示するのは相当に困難であると考えられるが、いくつかのポイントからそれをおぼろげながら推測するのは可能であるかもしれない。

まずは、無数の釘を打ち込まれた原住民らしき人物像に何やらがらくたのような物品が付着しているといった曖昧な描写を今までしてきたが、もう少し正確にこの像を見ておこう。

・多くの場合、それは木彫である。それはしばしば威嚇的に片腕を掲げ、もう片方の腕を脇に垂らしたり、腰や臀部のあた

Power figure (nkisi),
Kongo people (Yombe),
Central Africa / 同書所収

りに置いていたり、あるいは後頭部のあたりに置くこともある。女性像の場合は、ときに腕で乳房を支えている。また、母子像も見られる。

・歯は剥き出され、舌は垂れ下がり、白い磁器、あるいは他の材質で作られた目は睨みつけるような視線を投げかける。

・動物像は多くは犬であるが、猿の像も発見されている。

・男性像は、しばしば釘、剣、鉤、鎖、他の鉄片などを散りばめられている。これらの物品群は、胴の真ん中に嵌め込まれた鏡と共に腹部のあたりに付着されている。

・さらに、像の腹部あたりにある種の容器が装着されることもある。それらは大きな貝殻、瓢箪、布製の鞄、樹脂でできた壺や箱といったもので、その中に魔薬・呪物のような効果を発揮するチョーク、白陶土、墓穴からとってこられた土、植物の種、松脂などが入っている。これらが容器類に収められて、はじめてnkisiは霊的力を吹き込まれるとされる。そしてそのとき、nkisiは不可視の死者の国からもたらされる力と人間の知

Power figure,
Songye people,
Central Africa / 同書所収

覚が近づきえない全知の超常力に満たされるのである。

nkisiはたしかに護符・魔除けとしても使用され、幸運を呼び込んだり、敵を傷つけたり、病気を癒したり、将来を占ったりするために用いられたようだが、その役割はもっと広く、また曖昧でさえあった。たとえば、盗人や姦夫を同定する際にもその威力（悪を見抜く探偵的能力）を発揮し、判決と懲罰を与える司法的な決定にも役立てられたという。

一方、語源的な側面をたどると、この偶像がそもそも何をあらわしていたかという謎にあるヒントがもたらされるかもしれない。無数の釘を打たれたnkisiは、nkondi（複数形はminkondi）とも呼ばれた。そして、nkondiはハンターを意味するkondaに由来するとされる。ただし、ここでの「ハンター」は集団での遊戯的な狩猟参加者ではなく、孤独のうちにただ一人で狩りを成し遂げる者のことである。未開の民にとって、誰の助けも借りず一人で狩りを遂行するハンターは、おそらくは、通常の人間を超えた、透視力（千里眼）のごとき能力をもつ特別な人物であったのではなかろうか。彼は、いわばシャーマン的存在であったのかもしれない。

また、人物像に付着された要素で特に関心をひかれるのは鏡

Power figure (nkisi),
Kongo people,
Central Africa / 同書所収

であるが、nkisiの鏡に関してジョン・マック氏は小論『フェティッシュ？ 中央アフリカの魔術的彫像』のなかで興味深い推論を展開した。彼は、コンゴの土着信仰における鏡と水（川、大洋、プールの水）の象徴的同一を指摘し、さらに鏡ー水を、nkisiにしばしば見られる白色の磁器（像の目に使用される）や白顔料（主に像の頭部に塗られ、司祭ngangaも身体に塗りつける）や白陶土（像の容器に収容される）の白色に関連づける。白を意味するmpembaは、また共同墓地、死の土地も意味するという。

ただし、ここでの「死」は水の中あるいは水面下での生、すなわち死者（あるいは先祖）の国での生と考えられているのに注意すべきであろう。コンゴの土着の思考は宇宙を生者の国と死者の国の二つの領域に分割し、その境界に偉大なる川があって、人は双方の国を行ったり来たりすると考える。（コンゴ人は、自らが偉大なる川を渡って死者の国から現在の土地に到着したと説明するだろう）彼らにとっては誕生と死も、一つの世界からもう一つの世界への移行にすぎないのである。

このように水（偉大なる川）ー鏡ー白の象徴体系は生者の国と死者の国の境界であって、それらを凝縮したnkisiは生者の側から見るのなら死の領域への入り口、死者の国をのぞく窓とい

Power figure (nkisi)
in the form of a monkey,
Kongo people, Central Africa /
同書所収

うことになろう。さらにこの観点からすれば、無数の釘を人物像に打ち込む行為は生と死の境界面を貫通することをも意味していたかもしれない。このことは、人物像が語源的に生と死の領域を自在に行き来するハンター＝シャーマンだったとする説とも矛盾しない。

護符・魔除けであり、呪具であり、罪悪を見抜く占術的探知機であり、おそらくは生と死の境界に立つシャーマン的ハンターの宗教的彫像でもあった（あるいは他の可能性も秘めているかもしれない）、未開の地の呪物人形はたんなるフェティッシュでないだけでなく、たんなる芸術品でさえもないだろう。あえていうならば、それは、「芸術は魔術に起源をもつ」という仮説を提唱したアンドレ・ブルトンの「魔術的芸術」の一典型なのではなかろうか。（ブルトンの提唱したシュルレアリスムがアフリカ芸術を「すでに飾り物のスノビズムにとりこまれた」と見なし、むしろオセアニアやアメリカ・インディアンの未開芸術に高い評価を与えているとしても）それは、魔術と芸術が分離する以前の、超常的力を存分に発揮したオブジェであり、まれにではあっても、今もなお日常と現実を撹乱させることのあるオブジェ・アートの原風景であるのかもしれない。

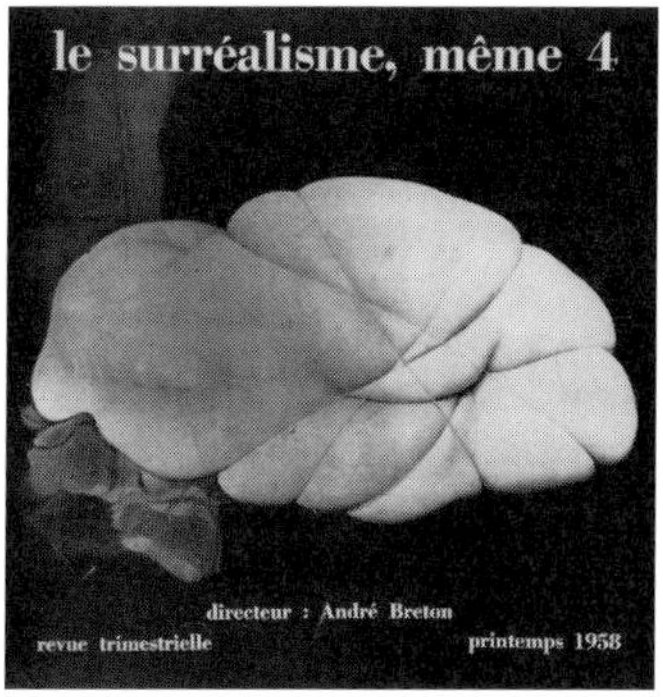

Cover of Le Surréalisme, même 4, Spring 1958 / 同書所収

II-06

バレエと脚フェティシズム

踊り子の脚の香気

美しき女性の脚の妖艶な魅惑・・・ほどよく肉づき、すらっとのびた直線と曲線のハーモニー・・・女性の脚に対するフェティシズムには、淫奔な娼婦の猥雑さのなかに、そこはかとなく、優美とエレガンスの香気が交じり込んではいまいか。

優雅な女性の脚への性的嗜好が、はたして、ある種の男性の気質に、あるいはその男性の幼児期の心理的環境に帰されるべきものなのかどうなのかは、ひとまずおいておこう。ただ、常に淫靡な匂いにまとわれながらも、おしゃれな美の感覚を付着させた、現代においてもなお健在な脚フェティシズムは、一九世紀のパリとロンドンのバレエを巡る環境のなかにその一つの雛形を見出せるかもしれない。すなわち、第二帝政期のパリとロンドンにおけるバレエの発達と変化が、現代にも通ずる、女性の脚への視覚的快楽の原型を生み出したかもしれないのである。

それは、ダンスール・ノブル（クラシック・バレエの王子役を務める男性ダンサー）の没落とバレリーナ（女性ダンサー）崇拝の熱狂、いうなれば、バレエの舞台が女の支配するエロスの劇場へと変貌していく過程ということもできようか。バレエにおいて女性は男性から優美とエレガンスを奪いとり、それと平行して女性の身体はフェティッシュと化し、娼婦の淫香をもまといだすだろう。

踊り子の脚の香気

十九世紀のバレエは、その歴史において、理想化された女性性の美学的表現を達成したといわれている。ポワント（爪先立ち）の発達はバレリーナを天上的で崇高な存在へと高めた。ポワントで踊り舞うバレリーナの動きが実現した空気のごとき軽妙さは、地上的な不純物と現世の卑俗から離脱し清められた女性性の象徴となる。まさしく、ロマン主義時代のバレエ台本が理想とした妖精のように、彼女は純化されたアナザー・ワールドの住人となったのである。また、それと同時に、理想化された女性性として結晶化したバレリーナのイコンは、バレエそのものの美と快楽をも高貴な芸術へと高めたのである。

だがその一方で、この時代にあらわれた新しい種類の観客のエロティックな関心は、バレリーナのスリムな脚へとたしかに集中していった。パリとロンドンでバレエに群がる観客の多くは、実のところ、バレエの美と芸術を楽しむというよりは、むしろ踊り娘のからだ（特にその脚）に色目を使う放蕩者であったようだ。彼らは踊り娘のからだの良し悪しを談義し、卑猥な言葉をもってしてバレエを評したという。

とはいえ、彼ら不埒な観客たちが踊り娘の輝く生脚に強烈に惹きつけられたのも、ある意味で無理もなかったのかもしれない。というのも、西洋において女性の生脚は、第一次世界大戦後の時代になるまでローブやスカートやドレスによってほぼ完全に隠されていたからである。裾は踵上数インチまで上げてもよいという礼儀作法では脚の全貌を見渡すのは当然不可能であり、しかも、この作法は貴族女性やブルジョワ女性にかぎらず、農婦にまで適応されていたから、女性の生脚を目にすることは通常叶わなかったのである。要するに、二十世紀になるまで西洋で公に陳列される女性の生脚は、踊り娘と彼女らに類する女性のそれだけだったわけだ。女性の生脚はこの時代の男たちにとってとにかく衝撃的で、とてもめずらしかったのである。しかも、一八四〇年代には、長めのスカートがいまだその役割を失ってはいなかったものの、バレエのスカートはついに膝丈にまで短縮された！

このように、十九世紀のバレリーナの脚は純化された女性性のシンボルであると同時に、エロティックなスペクタクルでもあるという、奇妙な二重性を抱え込むことになる。彼女らは天使と娼婦の二つの極（テオフィル・ゴーチェはバレリーナのうちにキリスト教徒と異教徒のダブル・イメージを見た）を共に引き受ける不可思議な魅惑的存在として、見る者を自らの優雅なエロスの虜となしたのであった。

ダンスール・ノブルの落日とレズビアン・バレエ

もはや十九世紀においては、男性の優美とエレガンスを讃えるという貴族的で宮廷的な理想は、優美もエレガンスも美も女性性に属すとするブルジョワの新たなイデオロギーによってほぼ効力を失いつつあったようだ。ダンスール・ノブルの威厳と品位に満ちたアダージョ（ゆったりとした踊り）や身のこなしは、増加の一途を辿るブルジョワの観客にとって、女性の踊り手が繰り広げる、跳躍と回転を駆使した華やかな

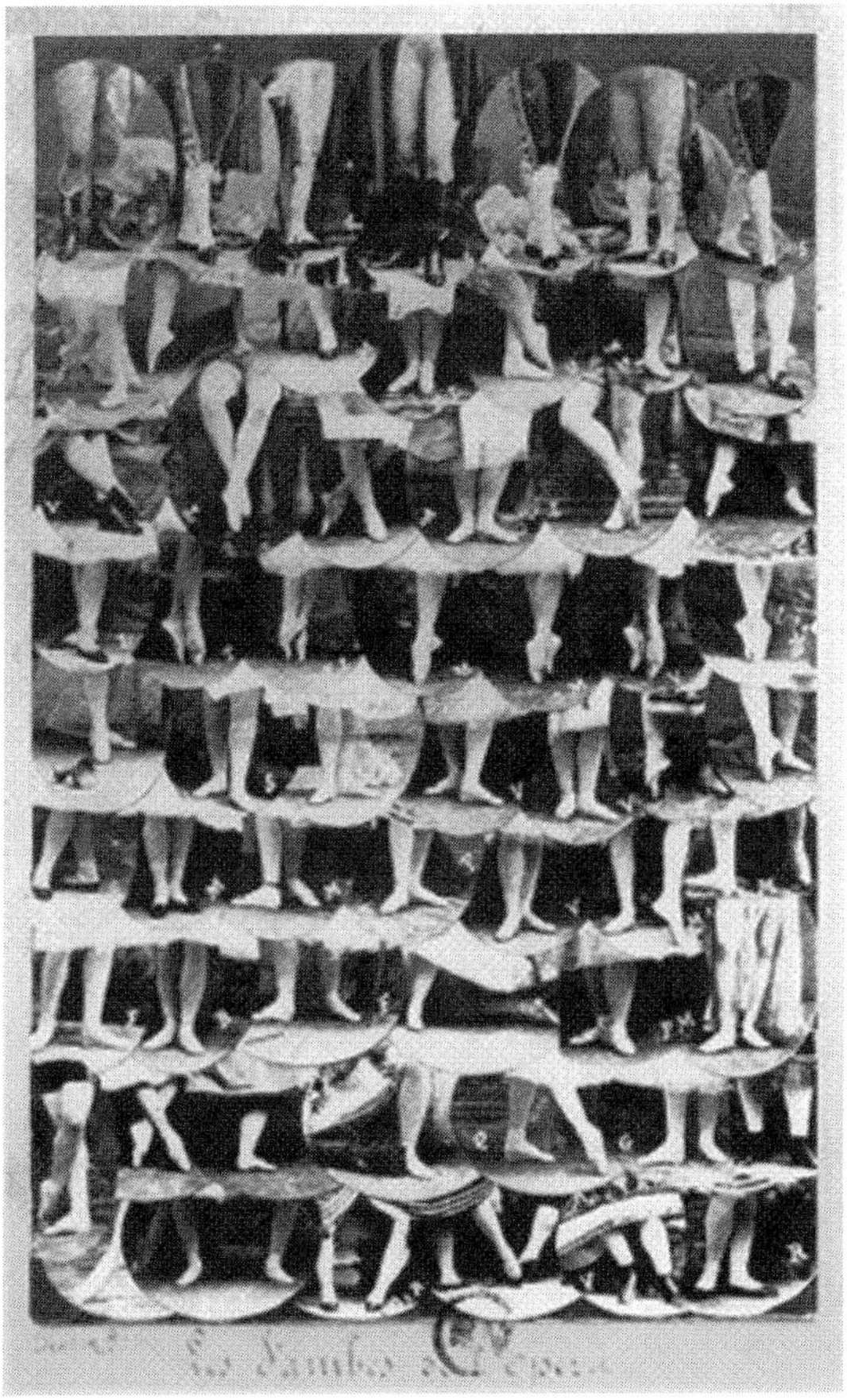

A.A.E. Disderi, Les jambes de l'Opera (1856)

動きほどには興味をひくものではなくなってしまった。もはや、彼はわれらが麗しきバレリーナの相手役としてはふさわしくない・・・

一方、男性ダンサーのダンスール・ノブルの落日とともに脚光を浴び始めたのは、バレリーナの相手役を務める女性ダンサーだった。みだらのヴェールをうっすらとまとった相手役の女性ダンサーはコルセットによって胸部と臀部を強調し、ぴったりとしたズボンによって尻と脚を誇示した。

たとえ振り付け師が彼女をバレリーナの相手役・恋人役として位置づけたとしても、このように、脇役の女性ダンサーはそのコスチュームのあらゆる部分で女性的魅惑を強烈に主張した。彼女とバレリーナの足取りは、台本や歌詞が決して認めたくはない、レズビアニズムの匂いさえ仄めかすような、明確かつ独特なエロティシズムを香り立たせていたようなのである。

娼婦に堕した踊り子たち

フランスと英国で女性のバレエ・ダンサーが徐々に娼婦に近しき存在へと堕していった背景には、バレエが国の保護下にあった宮廷芸術からセールスを重視した公衆(ブルジョワ)芸術へと発展していったことが大きかったようである。いわば、娼婦化した踊り子たちは、自由主義市場と新たな経済体制の直接の産物だったともいえようか。

コペンハーゲンとペテルスブルクのバレエがその時代、いまだ君主と皇帝によって補助金を与えられて宮廷の保護下にあり、貴族的なステイタスを保持していたのに対し、パリとロンドンのバレエは民営化により踊り子の身体とバレエそのものを堕落へと導いてしまったのである。（コペンハーゲンとペテルスブルクにおいては、ライバルとしてバレリーナが台頭しつつあったが、ダンスール・ノブルもまだその地位を失ってはいなかった）

民営化が即座に招いた結果の一つに前売り制度と個人的な援助金制度があるが、それらはバレエの財政状況を裕福な男たちの祝儀へと付随させてしまった。バレエの劇場には、ステージへと直結する通路が紳士たちのために設置され、女性ダンサーと交流することのできる部屋さえ設けられた。すでに、売春を仄めかすあやしい空気が、ダンサーの世界に漂っていた。もちろん、バレエに市場経済が介入する以前に女性ダンサーが自らのからだを売らなかったというわけではないが、新たな体制が、裕福で権力のある男性たちがバレエの身体を女肉の市場とみなす状況を奨励し、制度化したのはたしかなことと思われる。

そして、バレエをみだらな見世物に、そして踊り子を娼婦のごとき性的な商品へと貶めたのは、急速な民営化の波だけではない。バレエの世界を伝統的な高貴の枠組みのうちに囲い込んできた、ギルド制度と氏族制度の崩壊もバレエの堕落を促進させた。ロマン主義時代の偉大なバレリーナの多くが受け継いできた高貴な血統は断絶し、都会のスラム出身の職業的踊り子たちがみるみるうちにその数を増していったのである。

第二帝政期の期間に、バレエは芸術としては衰退してゆき、照明や装飾や特殊効果に関心を向けた精巧なスペクタクルへと変貌した。そして、舞台の激増は、踊りという職業から不安定な収入を得ようとする踊り子の数をも爆発的に増加させた。

「カンカン」のような新たな踊りのスタイルも導入され、有名な踊り子もあらわれだしたが、彼女ら職業ダンサーは明らかに性的な商品と認識されていた。生脚をあらわにし、媚を売る、まさしく娼婦と同等とみなされた低い階級の踊り子は、世紀半ば頃には十分確認されていたはずである。

無論、いまだ純真さを売りにしていた例外もいるにはいたが、彼女らとて、娼婦的な踊り子との組み合わせで必要不可欠な処女役として対置的に機能していたにすぎないだろう。

一八四〇年代から五〇年代にかけて多くのスキャンダラスな書籍の主人公にされ、印刷物や無数の版画にもとりあげられて人気を博したローラ・モンテのような女性のイメージにおいては、踊り子の神話と娼婦の神話は、もはや、切り離しがたく結びついてしまっているといえよう。

第3章 妖異闇黒図書閲覧室

III-01　スーツは男を古典彫像に変える

アン・ホランダー『性とスーツ』

アン・ホランダー 著、中野香織 訳
『性とスーツ――現代衣服が形づくられるまで』
（一九九七、白水社）

トマス・ラーカーの『性の創造』（一九九〇年）によれば、男女の各々の性のアイデンティティーが確立され、性の分化が達成されたのは十七世紀のことであり、それ以前には人類にはただ一つの性（男―性）しか存在せず、女性の性器は完全に進化しきっていない未発達な（すなわち発達途上の）男性器にすぎないと考えられていた。著者アン・ホランダーは、十七世紀以降の男女の服飾表現の変化がこのラーカーの説の正しさを証明しているかに見えると書く。すなわち、中世後期に本格的なファッションが始動してから長きにわたり男性の仕立て屋が男女双方の衣服を製作していたため、男女の外見はほとんど類似していたのであるが、一六七五年にドレスメーカー（女性仕立て業者ギルド）の結成がルイ十四世によって許可され、女性服を女性自身が製作するようになると、男女の外見の分化が始まり(性差の誕生)、男性服はシンプルでモダンなスーツへと進化していき、一方、女性服は舞台衣装のように装飾過多でロマンティック(バロック的)なものになっていく。前者は男根的な性質(明確なるフォルム)を、そして後者は女陰的な性質(不定形な襞の運動)を帯びるようになるといってもよいかもしれない。

分裂後の男女双方の衣服についてもう少し詳しく見てみると、男性服の方は、スーツの原型である〈シャツとタイを伴う上着+ベスト+パンツ〉の組み合わせがすでに十七世紀には存在していたが、現代のわれわれが着用するようなモダンなテイラードスーツに近いものが登場したのは新古典主義の時代であるという。ギリシア民主主義の明晰さとローマの工芸技術の力強さを表現するために、装飾をできるだけ排したシンプルなフォルムが理想とされ、表層的なものではなく構造そのものが重視された。色彩に関しても、黒、茶、白、淡黄色のような地味なものが使用され、光沢は失われて、フォルムが際立つようにされた。新古典主義時代の男性服が目指していたものは、「建築に匹敵する」イギリス仕込みの仕立て技術テイラリングによって、ラオコーン群像やアポロン像のごとき古典的ヌードを再現することであった。このように、完璧な古典的ヌードというただ一つの理想的フォルムにより近づくことを目標としていたので、衣服の外見は統一(同一)化の傾向を示していたのである。

一方、女性服の方は、ドレスメーカーが得意とした裁縫技術による衣服の表面のロマンティックな飾り付けに重点が置かれ、きらびやかで贅沢な色彩と装飾が女性の身体を様々な仕方で演出した。そのために、女性の外見は男性とは対照的に多様化していった。だが、結局は、慎みと性的魅力を表象する「ドレーパリー（肩から垂らしたときに襞を作る布）で薄く覆われている裸体」という伝統的なプロトタイプを反復するだけにすぎず、男性服に見られるような「モダンには程遠い」。すなわち、「女はダンディの逆だ」（ボードレール『赤裸の心』）というわけである。女性服が近代化されて、慣習的な伝統から解放されるのは、今世紀に入るまで待たねばならないであろう。

著者は新古典主義のモダンな美学の立場からファッション史を語っているわけだから、表層的な装飾や襞といったバロック的な要素に否定的であるのは当然のことであるかもしれない。また、そういうスタンスを固持するからこそ、いままでのファッション史ではあまり取り上げられなかった、刺激的変化の乏しい男性のスーツを、西洋のファッションを常にリードしてきたスタイルとして評価することができたのであろう。

ジョン・ハーヴェイ『黒服』

ジョン・ハーヴェイ 著、太田良子 訳
『黒服』（一九九七、研究社）

従来のファッション史ではほとんど扱われることのなかった男性のスーツを主題に選んだアン・ホランダーの名著『性とスーツ』（白水社）が訳されて一月もたたないうちに、スーツと同様に見落とされがちだった、男性の着る黒服について時代を追って分析したジョン・ハーヴェイの『黒服』が高山宏監修のリアクション叢書の一冊として研究社から刊行された。ファッションにおけるもっともシンプルな形態（スーツ）ともっとも基本的な色彩（黒）をそれぞれ扱ったこれら二著は、これからのファッション研究には欠かすことのできない重要文献になるのではなかろうか。

著者ジョン・ハーヴェイはヨーロッパのさまざまな時代に登場した黒服の意味を、その時代の絵画作品や文学作品などの資料分析を通じて丹念に解読していく。

著者によれば、男性が黒い服を着用することによって表現しようとするものは実際には時代や地域などにより多種多様であるが、基本的には闇と夜に直結する〈死〉であるという。もっと抽象的にいうなら、衣服の黒が表現するのは〈否定〉ということになる。そして、〈死〉＝〈否定〉が自己の方に向けられると、黒服が意味するものは悲嘆や禁欲や厳格な自己規律ということになり、その代表的なものが喪服、ドミニコ会やイエズス会の修道士が着た黒の法衣、ボー・ブランメルから始まるダンディズムのスーツなどである。だが、〈死〉＝〈否定〉が反転して他者の方に向けられると、たとえ修道士の黒衣であっても、衣服の黒は力を意味する記号として人々に死の恐怖を与え、服従を強制することになるのだという。

フィリップ善王治下の十五世紀のブルゴーニュ公国ですでに見られた部分的な黒の流行は、もとはルクセンブルク公国のブルゴーニュ公カルルであったスペイン王カルロス一世によって十六世紀のスペインにもちこまれ、さらにスペインを世界最強の帝国にしたその息子フェリペ二世の力でヨーロッパ全域から新世界アメリカにまでおよぶ国際的な黒服の流行へと進展していく。「ヨーロッパのある国家が全体として黒のファッションを選択する時期は、その国がもっとも強大な国際競争力をもっている時期にあたる」ということなのだから、十六世紀のスペインで流行した黒は権力を意味する記号であったはずだ。だが、頂点に立つものは常にやがておとずれる没落の恐怖と戦わねばならない。スペイン王国の分裂の予感、トルコ、オランダ、フランス、イギリスといった外患、さらにスペイン系ムーア人、スペイン系ユダヤ人、新教徒という内憂など、当時のスペインには不安材料がありすぎた。いわば、黒服のもつ〈死〉＝〈否定〉の力がふたたび反転して自分の方に向けられたのである。このときに「黒が意味するのは、自信に満ちた安定した権力というよりはむしろ、政治的不安を払拭するはずの絶大な権力の幻影なのである」

　その後、黒服の流行はカトリック国スペインとの確執に悩んでいた十七世紀のプロテスタント国家オランダ共和国に伝播し、十七世紀後半のスペインの没落とフランスの台頭によって黒色は一時威力を失うものの、十九世紀にはヴィクトリア朝のイギリスでふたたび大流行する。著者が明確に断定したわけではないが、これらの黒服が流行した国家において黒色は権力と不安というアンビヴァレントな価値を引き受けているように思われる。

　このように著者は黒服の流行した国家を中心に論を進めていくのであるが、豊かな色彩が好まれた時代（例えば十七世紀後半のヨーロッパなど）の黒服の運命に目を向けることもけっして怠ってはいない。

　そして、最後の第七章『われらの時代の黒』では、ファシズムの制服から六十年代のモッズやロッカーズ、八十年代のニュー・ロマンティックなどの若者のファッション、さらには黒服の死（残酷）と権力のイメージが性的ファンタジーと結合することによって生まれたSMファッションにまで言及していてたいへん興味深い。

Ⅲ-03　食人の呪わしき幻影

クリスチアン・シュピール『食人の世界史』

クリスチアン・シュピール 著、関楠生 訳
『食人の世界史』（一八七四、講談社）

かつてフィジー諸島、ニューギニア、ニュージーランドなどで行われたとおぼしい、風習としての食人（アントロポファギー）、いうなれば「墓いらずの文化」において、人が人を食う理由は実に様々であったと著者はいう。美食のため、殺害だけでは満たされない報復感情のため、食らい尽くすまでの強い好戦熱のため、司法的理由のため（すなわち「死刑」より重い「食人の刑」）、魔術的、あるいは宗教的観念のため、など。

美食の極致としての人肉食いには、奇妙な、倒錯した人間至上主義が垣間見られる。食人族は次のように問いかける。人間は地球上のあらゆる生物の中で最高の存在、だから食材としても最上のはずだ。なのに、なぜ、あなたがた文明人は最上の肉の美味に背を向け、味にて明らかに劣る獣の肉で満足するのか。食の文化水準が低いのではないか、と。

実際のところ、彼らの食文化はかなり発達していたらしく、蒸す、焼く、煮るといった加工（クッキング）技術に加えて、調理された人肉に薬味やつけあわせなどを添えるという美食家ぶりをも発揮し、さらには、西洋に先立ち、フォークに近い道具類も使用されていたという。そして、そもそも、彼らにとって人肉は日常食ではなく、多くの場合、特別食であったともいわれる。

また、彼らの美食においては人種差別のランクも逆転する。有色人種の肉に比べて白人の肉は塩辛くてまずいという、屈辱的な判定がなされるのだ。

しかし、食人が呪術的な色に染められるとき、人肉は食材というより、ときに万能薬とさえ見なされるだろう。また、例えば強い戦士の肉を食うことにより、相手の性質（力）をとり込むという魔術的論理が支配的になることもあるようだ。

ところで、今までの例はいわば「殺してから食う」わけであるが、残忍にも生きながらにして食うという生肉食いの例もある。だが、著者によれば、この目を背けたくなるような行為には、ある種の宗教的萌芽が認められるという。つまり、これは、聖なる生命力そのものと直に接触しようという願望がなさしめる行為ではないかということである。

一方、もう少し儀礼化された宗教的食人においては、人食い神の好物である心臓を捧げたあと、心臓以外の人体を食って「神の食卓」に加わるという例もあるし、神の代理としての犠牲者を食って、食人ならぬ食神に及び、神との合一に至ろうとする例もある。

さて、「殺してから食う」「生きながらにして食う」の後に残るのは当然のことながら「死んだ後に食う」（死人食い）であろう。このケースにおいては死者復活に対する恐怖から食い尽くして抹消するという理由が考えられるが、同一化願望も認められるかもしれない。どうやら、土葬にて虫に食われるよりは愛する者（親族など）の体内にとり込まれたいという、「食われたい人々」がいるらしいのだ。いわば「葬送のための食人」であるが、これは深遠なテーマだ。現在の文化人類学では風習としての食人は疑わしいとされているが、食人という幻影には今もなおひきつけられる。

おぞましき邪神の復活

アーサー・マッケン『パンの大神』

アーサー・マッケン 著、平井呈一 訳
『アーサー・マッケン作品集成 I 『白魔』
（一九九四、沖積舎）

この忌まわしい物語は、ある医学者の狂った脳外科手術から始まる。彼は脳の一部にほんの少し手を加えるだけで、太古の神の住む異空間へ通じる道が開かれると信じていたのである。未踏の深淵との遭遇を夢見続けたこのマッド・ドクターは、長い年月をそのための準備に費やし、実験体としてひとりの少女を貧民窟から拾ってきた。

はたして、脳手術を施された少女は、術後、異界の邪神（パン神）と接触する。耐えがたい恐怖に喘ぎ、顔を引きつらせて全身を震わせる、哀れな孤児の娘。少女だけの見た何か、彼女を絶望の奈落に陥れた何かの姿形は描写されないが、少女の異常な怯え方からその底知れぬ恐ろしさが伝わってくる。人が理性のうちにとらえることのできない畏怖の対象、それを見、触れたとたんに精神が切り刻まれてしまうような絶対的存在を表現するには、それと接した者の悲惨な破滅ぶりを微に入り細をうがち描くのが最も効果的なのかもしれない。

　さて、この非人道的な実験の後すぐに少女は白痴と化し、やがて早すぎる死を迎えるのだが、彼女は淫奔な異教神と交わって、恐るべきことに、呪われた子を孕んでしまったようなのだ。悪魔の娘はほどなくして誕生し、妖艶な魅惑をふりまく歳に成長して、あろうことか、魔都ロンドンに放たれる。彼女は都会の人士たちを次々と堕落させ、自らが手を下すことなく死へと至らしめた。彼女の秘密、すなわち混沌とした暗黒世界との戦慄の絆を目の当たりにした男たちには、精神の崩壊を招くか、あるいは壮絶な自死を選ぶか、どちらかしか選択肢はなかったのであろう。

　邪神から受け継いだ淫蕩の血が謎に包まれた数多の怪事件を、血にまみれた古代の密儀や中世のサバトのごときおぞましさで彩る。といっても、不埒な乱交シーンや目を背けたくなるような倒錯行為が克明に描かれるわけではない。魔の女の真の恐ろしさは、やはり、犠牲者の暗示的な証言と絶望的な死に様からしか想像できない。だが、にもかかわらず、何かとてつもなくおぞましい気配が行間から漂ってくるのである。

　物語の最後、ついに女の驚くべき秘密が明かされるが、それは人の形を歪ませ目まぐるしく激変させる闇の力の横溢、制御不能となったカオスのエネルギーの氾濫の描写であり、読者がその全過程を頭の中で映像化するのはむずかしい。しかるに、完全には提示できないといった不可能性、イメージ化における半透明性こそが、読者を一層慄然とさせ、魅了するのであろう。

　あのラブクラフトに多大な影響を与えたというアーサー・マッケンの恐怖小説は、『パンの大神』にかぎらず、すべてが今も色あせることなく恐ろしい。代表作『パンの大神』をはじめ、『三人の詐欺師』（特にこの連作中の『黒い石印』『白い粉薬の話』）、『輝く金字塔』、『白魔』などマッケン初期の恐怖小説はいずれも、現代においては抑圧され忘却された太古的畏怖につらぬかれている。血と淫汁の酩酊に浸り切る古代儀式の、中世における復活としてのサバト、邪悪と魔悦の化身と見なされる妖精—矮人—ヨーロッパ先住民・前史人(これら魔族はしばしば人と原始生物のハイブリットを髣髴させ、気味の悪い触手を揺らめかせる)、彼ら太古の闇に葬られた種族が崇拝する黒き霊石(やはりかつてその崇拝者たちに畏れ崇められた、はるか古の大母神らの御神体だったもの)……マッケンは、あたかも、真におぞましきもの、すなわち彼が『白魔』にて強く主張した聖—善と同等の力をもち驚怖を極めた邪悪—罪というものは、古代以前にしかありえないと語っているかのようである。絶望的悪夢に戸惑うわれわれ読者は、古代以前には真の神秘と救済も確実にあったにちがいないと自ら説き慰めるよりしかたあるまいか……(だが、実をいえば、若き時代にこの絶望の深淵を突きつけたマッケンは、後年の作において神秘的法悦の希望をしっかりと暗示してもいる)

このようなマッケンの戦慄作の多くをわれわれは平井呈一氏の名訳で読めるのだから幸福である。また、英米の恐怖小説を味わい尽くした平井氏の、これもまた今読んですこぶるおもしろい(恐ろしい)作品群が驚くべきことに文庫化されている(創元推理文庫)。数は少ないが、未来の恐怖小説愛好家に大切に読み継いでもらいたい珠玉の短編である。

III-05 秘儀の頂へ

ルネ・ドーマル『類推の山』

ルネ・ドーマル 著 巖谷國士 訳
『類推の山』
（右＝1978, 白水社 / 左＝1996, 河出文庫）

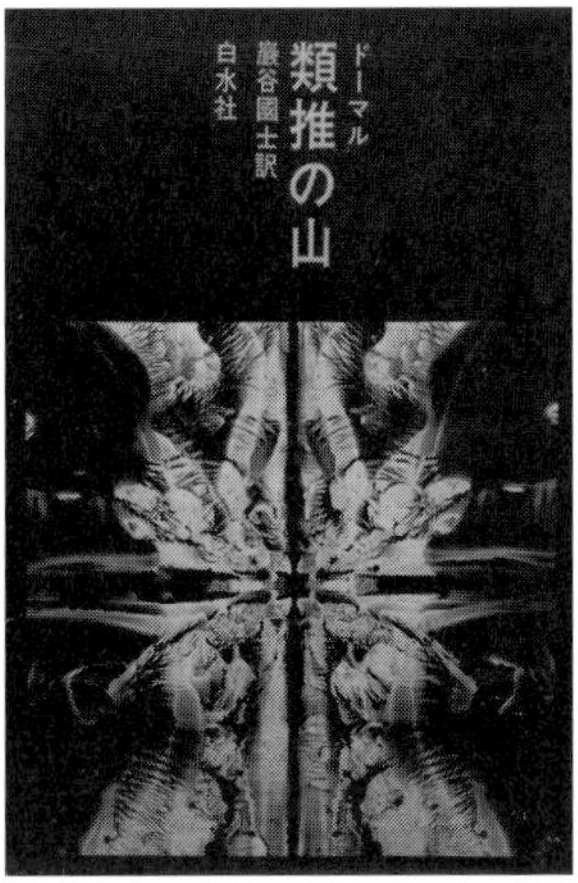

人間の通常の手段では決して近づきえない「類推の山」。それは天と地を、聖なる領域と現実をむすぶ道・絆であり、「そのただひとつの頂上は永遠の世界に通じており」、その麓は「死者の世界に根をおろしている」。それは、人間が俗界で纏った人格という殻を順々に脱ぎ捨てていって「神性に高まりうるための、神性が人間に啓示されるための通路」であるが、空想の産物ではなく、「地理学的に実在しているはずだ」。人間が超越にふれるためには、「その峯は近づきがたく、だがその麓は近づきうるのでなければならない」からである。

そして、その頂には、魔術的ルネサンスの新プラトン主義者にとっての古代神学者（ゾロアスターやヘルメス・トリスメギストスやオルフェウスなど）のような、あるいは薔薇十字団の薫陶を受けた者にとってのローゼンクロイツやそのオリジナル・メンバーのような、あるいは神智学の女帝ブラヴァツキー婦人にとっての謎の大使クート・フーミのような、「ある面は人間の域にとどまりながら、ある面は人間を超えている」高次の人類が住んでいる。人間は直接自分で真理に到達することはできないゆえに、彼ら、「可視の人類のうちに住む不可視の人類」を介して隠された叡智を伝授されねばならないのである。

一癖もふた癖もある、八人の男女は神秘のベールにおおわれた「類推の山」の実在を信じ、この地表のどこかに確実に存在する聖なる頂の入り口を目指して、結束を固めた。調査と探求の結果、「類推の山」は特殊な気象現象によって完全に世俗の手から逃れた島の楽園に実在することがわかった。

一行は不安と希望の入り交じるなか、船にて謎の海域へと幾度となく潜入を試みる。やっとのことでついにその聖なる門が開かれたとき、眼前にあらわれたのは、かつて「類推の山」を目指した各国の人々の子孫や、聖山と聖島を管理する人々によって築かれた港町であった…

シュルレアリスムと一定の距離を保ちつつも、やはりその運動と共に生きたルネ・ドーマルの遺作『類推の山』は、まさにその聖山に登ろうとするところで未完となっている。たしかにそれは残念なことであるが、書かれた部分だけを読んでも、そこには、余計なものを排した独自の神秘思想の結晶がはっきりと刻み込まれ、しかも、それだけにとどまらず、心躍るような少年小説・冒険小説の魅惑にも彩られている。神秘の国で流通する、ダイヤモンドよりも硬い「ダイヤモンドの父」「アダムの石」といわれる「ペラダン」なる高純度・高透明度の鉱石やら、人間の声音を正確に繰り返す、鸚鵡のごとき植物「ものいうやぶ」やら、まるまると猛スピードで崖を転げ落ちる巨大(二メートル)な節足動物「わまわしむかで」やら、額に〈第三の目〉を見開いたカメレオン似の「ひとつめとかげ」やらといった幻想の要素が散りばめられ、あるいは『空虚人と苦薔薇の物語』と題した、不思議に美しい人間生誕神話も挿入されて、まったく読者を飽きさせないどころか、未完であるにもかかわらず、秀逸な小説を堪能し終えた至福の感覚さえも与えてくれる。

中井英夫『名なしの森』

中井英夫 著
『中井英夫全集[5]夕映少年』
(二〇〇二、東京創元社)

中学二年の水口章は、口うるさい母親からも「文弱の徒」と罵られるほどの、いわゆる文学好き、夢想好きな少年である。「現実の世界では決して味わうことのない、微妙な感覚に充ち、……魑魅魍魎とやらが恣に跋扈する別な次元」に焦がれ、事象の隠された意味を探求しようとする、まあ、子供にありがちのある種の隠秘主義に耽溺する傾向をもった、早熟な中学生といえようか。

章は、自分の及びもつかない知の世界を匂わせる、一つ年上の宮沢悟に、若干、少年愛にも似た憧れを抱いていた。それは「ある甘酸っぱい共感と信頼」を含み、「父親や教師からは決して伝わることのない温もり」に包まれている。つまり、俗世から隔たった少年時代にしか感得できない、大人からすれば郷愁に満ちた子供同士の微妙な関係が仄めかされているのであるが、この「甘酸っぱい共感と信頼」によって成立した理想郷こそ、悟が誇らしげに「おれたちだけの村」と称する「名なしの森」なのである。

あるとき、章は悟に「名なしの森」へと招かれる。そこは、地上からも上空からも隔離された、子供たちの王国である。少年秘密結社のごとき集団のメンバーは十三歳から十七歳までの子供たちで構成され、アリスと呼ばれる、とある資産家の娘が女王として君臨している。

子供たちは中世の王朝風衣装で自らを着飾り、各々、ロベールとか、セゼールとか、レナードといった西洋の名前で互いを呼び合って、閉ざされた森に建造された大ホールでワインの杯を傾けながら、午餐会を優雅に楽しむ。アリス女王は、少年少女の目には、誰もがひれ伏してしかるべき、気品と美を纏っている。たしかに、この程度であれば、この王国は壮大なる「何とかごっこ」にすぎないであろう。規模だけは大きいから、人騒がせな子供のお遊びの延長といえるかもしれない。

だが、この王国は、アリス女王の父親による無尽蔵のバックアップや、理解者である大人たちの手助けもあって成り立っていたので、たんなる「ごっこ遊び」の域をはるかに超え、考えようによっては、この上なく危険な結束体でもあり、純粋と無垢の不気味な肥大化をその計画のうちに孕んでいた。しかも、子供らは、やはり純粋すぎるがゆえに危険な理想主義にのぼせ上がっていた。

理想主義に裏付けられた子供らの正義は鋭く研ぎ澄まされ、ついに、自らの理想に突き立てられる。子供たちは近隣住民を脅かす殺人鬼を捕獲し、残忍な処罰を加えることを決定したのだ。殺傷能力のあるアーチェリーを殺人鬼に向ける、美と高貴の女王アリスは、そのとき、あたかも冷酷な女神ディアナのように、隠された裏の顔を、闇の顔をあらわにしていた。あらわにされた彼女の裏面は、そのまま、王国の戦慄すべき暗黒面でもあったろう。

耽美的小編を数多遺した中井英夫の『名なしの森』は、あらかじめ破滅を運命づけられた純粋の夢にこそ宿る、儚き美の世界を、噎ぶような郷愁で染め上げた佳作である。

Ⅲ-07　食屍を仄めかすアンタッチャブルな奇習

赤江 瀑『罪喰い』

赤江 瀑 著『罪喰い』
（一九九七、講談社文庫）

「罪喰い」という奇習がはるか昔の日本にも存在したかどうかは、実のところ、定かではない。（多分、存在しない）だが、たとえそれが作者の空想によるものであったとしても、身の毛もよだつおぞましき風習といわねばなるまい。作者・赤江瀑はこれをあたかも実在した可能性があるかのごとく、歴史的資料をペダンチックに使いながら微に入り細をうがち浮かび上がらせていく。

かつて天平の時代、九州西辺の地・対馬に「罪食み（ツミハミ）」「罪喰い」という禍々しい死者儀礼があったという。もちろん、それは、この小説の中でさえ公の記録から消し去られているということにはなっているが…儀礼の執行者は棺に横たわる死者の冷たい肌にまんべんなく黍餅を撫でつけて、それを口に入れ呑み干してしまう。そうすることによって、その死者の犯した生前の罪を餅に転移させ凝縮し、「罪喰い」という陰惨な職業を糧とする一族の者の体内に捨て去るわけである。

間接的とはいえ、屍を口中に含み、しかも体内にまでとり込んでしまうという、おぞましい行為。ネクロフィリアとカニバリズムを暗示しながらも、彼らがそれを好んでしているのではなく、表向きは宗教的儀礼のために、しかし実際にはただ日銭を稼ぐために行っているというのが、またさらに読者を暗澹たる気分に陥れるだろう。悪夢のごとき回想シーンの一つに、餅を食べた後、山の中に駆け込んで喉の奥に指を突っ込み、涙を浮かべながら苦しそうに食べたものをすべて吐き出してしまう場面が描かれているが、そこの描写はあまりにもいたましい。

さて、その「罪喰い」の村が実は現代までひっそりと生きながらえていて、末裔の一人である著名な建築家の秋村黒人(「黒人」という名は「罪喰い」の通り名か俗称だったらしい)が復讐劇の絡んだ謎の事件に翻弄されながら、徐々に闇に葬られた自分の生い立ちを突き止めていく、というのがこの物語の大筋であるが、途中には、これもまたペダンチックな日本美術の知識がちりばめられ、名もなき職人が彫ったとおぼしい「罪喰い黒人」の木像の憤怒の表情が天平時代の国宝・十二神将像の一つ、「伐折羅大将」の塑像に酷似しているだの、あるいは、女性と同衾するに際して若い男に背後から乱暴に抱き着かれねば快楽に達せないといった建築家・黒人の奇異な性癖が明かされたりして、話は複雑に進行し、これら知的かつ刺激的要素が読者を決して飽きさせない工夫がなされている。

「シン・イーティング」というアンタッチャブルな奇習を強烈なテーマとして中心に添え、その脇をこれもまた奇抜なアイデアで埋めていく。もちろん、いつものように古都京都を妖しい美で染め上げる描写もおろそかにはしない。静謐とエロティックな官能美と、そして深きにすぎる暗闇の渦巻く赤江文学の世界。なまめかしい春の夜に、優雅な気持ちで味わっていただきたい小品である。

友成純一『獣儀式』

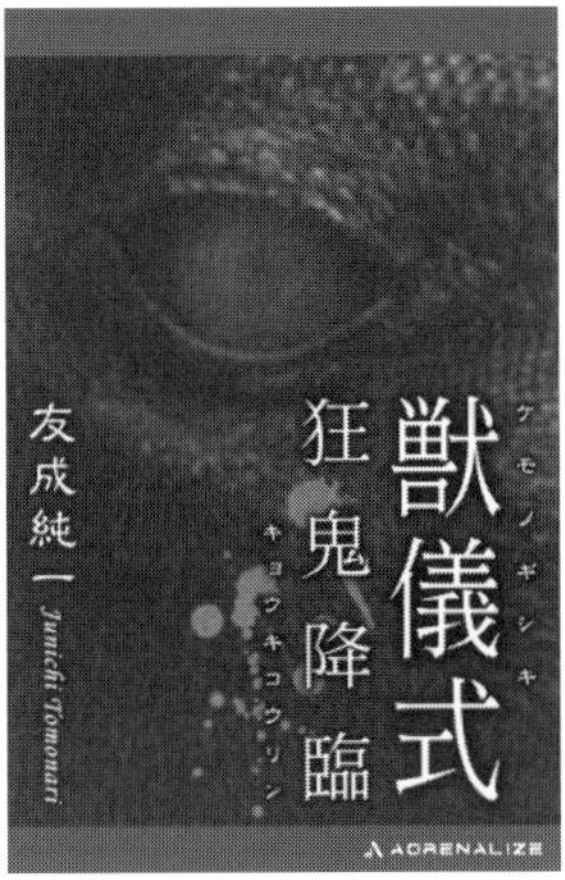

友成純一著
『獣儀式 狂鬼降臨』
（二〇一三、Kindle版・アドレナライズ）

冥界の異変により地獄からあふれ、突如この世に出現した鬼たち。そして、瞬く間に破滅させられた世界。人間は奴隷か家畜のような存在にまで落ちぶれ、鬼に嬲り殺されるのをただ待つのみといった状況である。作者は、そうなる前に激しく抵抗したであろう人類の戦いには何の関心も示さず、いきなりこの絶望的な状況から話を始める。

もはや、人間は逃げ惑いながら、激越極まりないセックスに耽るより他にすることなど何もない。一時でも恐怖を忘れ、生きていることを実感しようというのだ。死と隣り合わせの極限状態において、あるいは文明が根こそぎ破壊し尽くされた原始的世界において、セックスこそが人々の生を支配するという観念に物語全編が貫かれている。それも、身体の破壊にまで至るサディスティックなセックスである。一見獣のごとく快楽を貪る男と女は、実のところ動物的というより、ある意味で非常に人間的であるのかもしれない。人々に残された人間の最後の証しが、身も凍るような変態行為であったというのもおもしろいではないか。

人間としての尊厳を完膚なきまでに剥奪され、錯乱した乱交へ逃避する哀れな人々は、やがて鬼たちに捕らえられ、残酷淫靡な拷問に翻弄される。糞尿にまみれて贓物をも垂れ流し、しだいに汚物と見分けのつかない腐肉の塊へと化していく。作者は、このような崩壊と破滅の過程を冷徹なる筆致で淡々と描ききる。いかに崩壊・破滅させるか、その奇抜な方策は、荒廃した日本の各地に生き残るわずかな人々の最後という形で具体的に示される。

地球規模での終焉へとなだれ込む最終話を除く五つの章の中で、わたくしにとって特に衝撃であったのは第一話であろうか。それは、銀座付近の地下鉄に身を隠した洋子、寿明、祐二という三人の若者の惨たらしい終わりの物語である。日夜、激しい乱交に没頭していた彼らは、ある日、とうとう鬼たちに発見されてしまう。無抵抗のまま地上へと引きずり出された三人の目に映ったのは、想像を絶する戦慄の光景だった。

一面に広がる人間の串刺し死体…樹木を細い杭に加工して、何体もの人間を肛門から口へと刺し貫いている。まるで人間串団子だが、すでに腐爛しぼろぼろに崩れて、肉の塊が杭にまとわりついた、そんな肉柱のようなものもある。それらは日比谷公園の樹木だけでなく、通り沿いの樹も同様の状態ではるか遠方にまで続いている。鬼たちはこの大仕事を何の感動もなく、黙々とこなしているらしいのだ。

酸鼻を極めたこの光景は、読む者に鮮明に呈示される。血と贓物と屍に飾られた無残な廢都の不気味な静寂、冷たい風景の絶望的な宏大さ、無関心な青空…まるでシュルレアリスム絵画のようなイメージが頭に描き出される。特異な幻想的SM画家秋吉巒が描いていたら、さぞすばらしかったろうに、などと夢想してしまう。

　この後、ついに三人の登場人物の殺戮シーンへと作者の筆は進められる。最初の犠牲者は寿明。萎縮したペニスをぶらつかせながら肛門を貫かれ、杭が内臓に達し、血を噴き出して呻ぐ。それでもなお必死で杭につかまろうとする様子が、ユーモアの感覚を交えながら微に入り細をうがち描出される。

　この場面が、傍観する洋子の目を通じてわれわれ読者に伝えられるということに注意していただきたい。つまり、どれほど恐ろしくてもこれは光景にすぎず、洋子＝読者の身に起こったことではないのである。この時点では、洋子＝読者はまだ被害者でも犠牲者でもなく、ただの目撃者なのだ。

　正直なところ、わたくしはもうこの辺で耐えられなくなる。友成純一を論ずる識者の多くが「項を閉じてしまう」というのは、このようなときではなかろうか。わたくしは、この後で洋子がなんとか逃げてくれればと願わずにはいられなかった。しかし、今は耐え難い苦痛から守られている目撃者も、次の犠牲者となるのは決定済なのである。洋子は刑を待つ死刑囚のようなもので、絶望的な気分は直接本の前のわれわれにも伝えられる。洋子と同一化せざるをえない読者は、彼女の立場が目撃者から犠牲者へと移ったときから、その苦痛を共有しなければならない。

　洋子の番になると、作者は残虐シーンの描写から、苦悶と狂気の渦巻く彼女の内面の描写へ移行する。またもやユーモアを交えながら、過剰なまでに犠牲者の感覚を中継してくれるのだ。当然ではあるが、串刺しにされたこともないし女でもないのに、よくここまで細かく書けるな、と思わせるほどに。尋常ではない想像力なのである。読んでいるわれわれも股間と体の内側をむずむずさせながら、何ともいいがたい不快な感触に襲われる。

　セックスを模したとおぼしい串刺し刑が

洋子を激痛、錯乱、痙攣的笑い、そして最後に不思議な爽快感へと順に導いた後、死に至らしめ、意識が消滅して、やっと狂乱の儀式の描写も終わってくれる。彼女が死んで、読者も解放されたのである。

＊

さて、自分の気に入った部分ばかりでなく、他のところもいくつか見ておこうか。この作品には、悪夢のようなエピソードが詰め込まれているのだ。

たとえば、人間牧場と化した学校のシーン。ここでは、鬼が食用人間を飼育している。餌として与えられるのは、なんと、人肉である。監禁されたばかりの頃、教室に充満していたのは強烈なエロスの匂いだった。強姦まがいの行為が横行し、乱れに乱れた交わりがそこを埋め尽くしていた。

だが、すぐにセックスどころではなくなってしまう。逃げ出せないように両脚を捩り折られてからは、全員が巨大な芋虫のような「人間もどき」になり果てた。汚物に湧いた大量の虫と同じくどろどろの床を這い回って、腐肉に食らいつく。後は排泄をし、自分たちの糞尿に埋もれて眠るだけ。

とにかく、日本中が、いや、世界中がこんな救いのまったくない状況である。非情な神(鬼)への恐怖に基づく原始的宗教がうまれてもおかしくなかろう。作者は、残忍な生贄の儀式と粗暴なセックスを繰り返す閉鎖的な宗教グループを登場させる。若い女を輪姦し、それだけでは満足せずに肉体を破壊して腹にいる胎児を引きずり出すような、とんでもない集団である。(ここのところはとばし読まざるをえなかった)このグループの首領は卑弥呼と呼ばれる十代の少女で、不思議な能力をもち、ある男に食いちぎられた彼女の陰部は聖なるものと崇められる。とはいえ、絶対的な力をもつ鬼に対して何らかの抵抗ができるというわけでもなく、結局は簡単に殺戮されてしまうのではあるが……

このようにどの章にも血飛沫と内蔵の飛び散る奇抜な残虐アイデアが必ず入っているので、おのおのを独立した短編として楽しむことも可能ではある。評判のスプラッタ描写のみに惑溺する、そんな読み方もよかろう。だが、できれば、クライマックスの盛り上がりまで順を追って読み進め、この小説の長編としてのすばらしさを味わっていただきたい。

完全に肉塊へと崩壊し尽くした人間たちは、呪詛の力により互いを吸引し合い、融合して非人称的な肉の球を形成し始める。同時に、個々の心も「よくも殺したな」という一つの怨念へと集約される。それは転がりながら新たな肉塊を吸収し、どんどん大きくなっていく。無数の眼球が表面に付着したこの巨大な人肉球こそが、人間の最後の姿である。そして、すべての人の身も心も呑み込んだ球体巨人は、空間も時間も消滅して冥土と現世が一つに重なる世界の終末へ向かい、転がり去っていく。

なにもかもが溶け合い、カオティックな状態へ回帰するという結末は、特に珍しいものではないかもしれない。だが、具体的にどういうふうにそれを表現するのか、というのが、読む者にとっては重要であろう。人間が踏みにじられ、絶望的状況の中で狂った性欲の機械へ転じ、ついには蹂躙されて腐肉の塊と化してしまう。それで終わってもよかったのかもしれないが、友成氏の提示する終末のヴィジョンはやはり秀逸であったのではないか、と思う。

Ⅲ-09 魔女に秘められたエクスタシー・テクニック

志賀 勝『魔女の素顔』

『魔女の素顔――人はなぜ空を飛べるのか』志賀 勝 著（一九九八、はまの出版）

ある時代に重大な意味をもっていたものが、価値観の逆転した次の時代には最も低い地位に位置づけられてしまうということは、歴史的に見てもよくあることであろう。その代表的な例としてまず思い浮かぶのは、古代オリエントで崇拝されていた女性神が、ギリシア・ローマ時代に確立された男権社会において嫌悪すべき魔的性格を与えられたということである。常軌を逸した超人的な力を使いこなす〈魔女〉と呼ばれた女性たちに、強大な力をもつ古代の女性神の零落した姿を見ることも可能かもしれない。

だが、『魔女の素顔』の著者志賀勝氏は、抑圧された女性性という観点ではなく、むしろキリスト教によって抑圧された空を飛ぶ魔女の〈超能力〉、すなわち肉体をみずから仮死状態に陥れ、魂を肉体から分離させる能力に着目し、さらに、十六世紀後半から十七世紀半ばころのイタリアで魔法使いや魔女たちと戦ったベナンダンティ（よき道を行く人）と呼ばれる男たちだけから成る魔術師のグループにも、かつては魂を浮遊させて空中飛行する能力があったという事実を、イタリアの歴史学者カルロ・ギンズブルクの『ベナンダンティ』から引いてくる。このようにして、男女にかかわらず人間が本来もっていたが、合理的精神によって抑圧されてしまった能力へと話は進められるのである。

魂が身体から抜け出て、自由に空中飛行するための条件として、身体の硬直状態（あるいは昏睡状態）が要求されると著者は書くが、これは、身体を危機的状態に追い込むこと、死の状態を疑似体験することといいかえてもよいであろう。

臨死体験をした者たちが、医師を含む他人からは死んでいると認識されるにもかかわらず、数時間後に奇跡的に生き返るときにも、身体は危険な硬直状態を体験する。彼らは魂を身体から分離させ、死んだように見える自分の身体を上空から見下ろすことができるという。たしかにこれは、魔女やベナンダンティの超能力に似ているともいえる。しかし、臨死体験が魔女の空中飛行と決定的に異なるところは、臨死体験がみずからの意志によって選択されたものではなく、偶然ふりかかってきた事故のようなものにすぎないという点であろう。それに対し、魔女の方は好きなときに魂を身体から抜け出させて空を飛び、ふたたび元の状態へ回帰することができる。いわば、常識では認めがたい能力をコントロールする手段をもっているということである。

この点を考慮するなら、魔女の空中飛行は臨死体験よりは、むしろ、鳥のように飛び回ったり、ロケットを使わずに月へ行ったりするといわれるシャーマンの呪術的飛翔と比較すべきであろう。シャーマンも、霊魂を肉体から離脱させる〈トランス状態〉へと自分の意志で移行することができた。ただし、ある人物が通常の人間としては死に、超越的な能力をもつシャーマンになって再生するためには、イニシエーションと呼ばれる厳しい体験を経なければならないのである。

さらに、著者は「意識を別の次元の領域に解放した」ために、飛行能力と同じく合理的精神によって抑圧された力として、ジャガーや様々な鳥に変身するシャーマンや狼に変身する狼男の変身能力を付け加えている。狼に変身する人間の話も、ヘロドトスの『歴史』(紀元前五世紀)やペトロニウスの『サテュリコン』(一世紀)などのような古い文献にすでに記されているのである。

たしかに、合理的精神に支配されたわれわれは、何かに変わることを嫌い、恐れているようにさえ思われる。男が女になったり、女が男になったり、あるいは人が動物になったりすることを非常に嫌がる。だが本当は、そのままの状態で停止していることの方がずっと不自然なのかもしれない。つねに何かに変わろうと〈運動〉している状態の方が、実のところ、自然なことなのではなかろうか。

澁澤龍彦『華やかな食物誌』

澁澤龍彦 著
『華やかな食物誌』（二〇一七、河出文庫）

本連作エッセーでは、古代ローマ、ルネサンスのイタリア、そして著者の専門領域であるフランスから中国にいたるまで、偏奇の傾向を孕む美食家たちのエピソード（フィクションを含む）が気ままに語られる。贅を尽くした王侯貴族の話がほとんどだから、当然のごとく、豪奢なことは豪奢である。ただし、読んでいてうらやましくなるかというと話は別だ。

本文のところどころに記されているメニューにいきあたると、しばしの間、そこに留まってしまう。そもそも本当にうまいのか、という疑問にとらわれるからだ。そして、ふと考えを巡らす。食への飽くなき欲望が昂揚しすぎて倒錯の色を帯び始めると、「美食」はかぎりなく「奇食」に近づくのだろうか、と。

十六世紀から続くといわれる、現在でも鴨料理で有名なフランスのラ・トゥール・ダルジャンですら、当初出していた名物料理は、二十日鼠のパイ、蛇とイルカと白鳥のミックスト・パイ、梅の実をつめた鴨料理である。いくら名店の自慢料理とはいえ、最後の鴨料理以外、お金を支払ってまで食べたいとは思えない。「食卓の放蕩」を極めた古代ローマにいたっては、どうみても悪食としかいいようがない品々ばかり。その一部を列挙すると、孔雀や紅鶴の脳髄と舌、似鯉の内臓、駱駝の踵、ケシの粒をまぶした大山鼠の細切り、牝豚の乳房と子宮の煮込み、生きた雄鶏の頭から切り取った鶏冠（おそらくは生で食べた）、さらには、乱交と放蕩の末に十八歳で殺された少年皇帝ヘリオガバルスの好んだ、黄金の細粒を交ぜた豌豆や真珠の交ざった米…著者も同様の感想を漏らしているが、うまいかどうか以前に、はたして食って大丈夫なのかと不安になる。

ヘリオガバルスの例は、真珠を溶かした酢を好んだというクレオパトラの伝説にならったらしいが、これなどもはや味そのものとはとんど関係がないとすらいえよう。著者が「必要を快楽に変えるための技術」と喝破するガストロノミーが倒錯の極致に達すると、味覚の感覚的快楽を超えて観念の領域に訴えかける「遊戯性」へと向かうようである。

美食におけるミスティフィカトゥール（韜晦趣味の人）であった十八世紀フランスのグリモや、ユイスマンス『さかしま』の主人公デ・ゼッサントの繰り広げる「喪の宴」も、本来なら楽しい一時であるはずの会食を陰気な空気で満たす、悪趣味な演出を凝らすわけだから、やはり味よりもまず遊戯性重視だったといえよう。

偏奇なる生活を続け体調を崩したデ・ゼッサントは、ついに、味覚の価値を放棄する、倒錯的美食の彼方へと旅立っていく。すなわち、彼はもはや舌では味あわない。彼はレストランのメニューを眺めるように医者の処方箋を楽しみながら、肛門に注入する浣腸器の中身を物色するのである。ガストロノミーは、十九世紀末の人工楽園の夢によってデカダンス一色に染め上げられてしまう。

III-11　大人のための植物図鑑

木谷美咲『官能植物』

木谷美咲『官能植物』（二〇一七、NHK出版）

生の根源に通じる官能という観点から植物を探求する本書は、妖奇と艶美の草花の鮮明な写真群をほぼ全頁に配し、その解説文には「女性器」「陰核（クリトリス）」「小陰唇」「男性器」「亀頭」「陰嚢（ふぐり）」「包皮」など性にまつわる語が散発される、いうなれば大人のための植物図鑑である。「形態」「生態」「匂い」「利用」といった四つのテーマに章分けして植物の官能にアプローチを試みるわけであるが、植物の形姿にエロティックなイメージ、というよりあからさまな男女性器のイメージを重ね見る「形態」の章がほとんど半分くらいを独占する。昆虫と同様、完璧なまでにくっきりと明確な形態美を誇る植物の生殖器官＝花は、むしろ人間の性器よりもずっと淫靡なムードを伴って見る者の性感を刺激するのかもしれない。それかあらぬか、神話、文学、精神分析などを縦横に引用して植物の蠱惑に迫る著者の想像の翼は、ときに驚くほどの羽ばたきを披歴するだろう。自身の偏愛する食虫植物、有毒植物、蘭科植物のような、グロテスクにさえも急接近する濃密な自然美に浸り切ることを自らの任とする著者であるなら、内なる想像の全領域をその魔の奔流にゆだねようとする姿勢はむしろ当然といえるのかもしれない。

思うに、実のところ、本書において官能の極みを最も強く印象づけられるのは、死の香りに彩られた、人の目には残虐と邪悪と映る魔性全開の植物群なのではなかろうか。ある食虫植物はみだらな粘着性の体液で虫を誘惑し、消化し付着させた犠牲虫の屍でその身を飾り立てる貪婪ぶりを発揮し、また他の食虫植物は去勢の恐怖を煽り立てる「ヴァギナ・デンタータ」の性的悪夢を惹起する。また、ある巨大な男根状植物は死臭のごとき強烈な匂いを放ち、死体に群がるといわれるシデムシをおびき寄せて受粉に利用する。さらに、ある致死的な毒草はそれ自体を媚薬として用いられることもあったという。

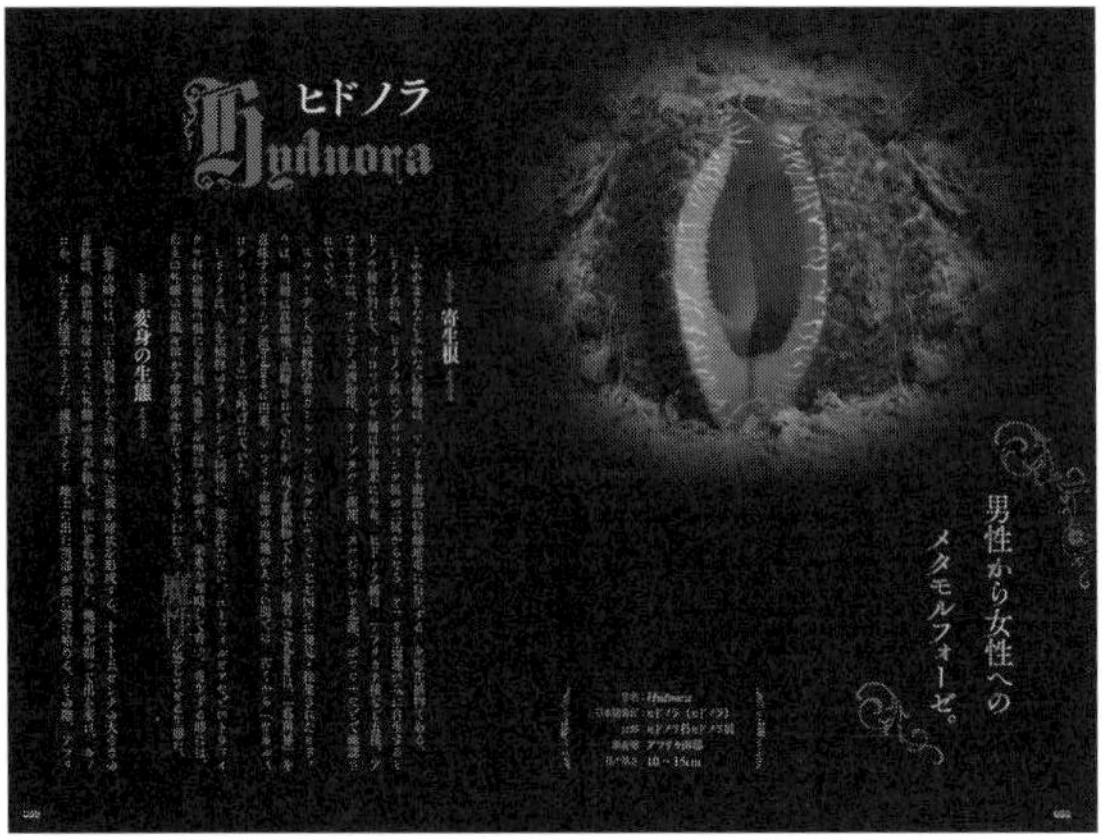

01. 同書所収

著者いわく「一つの存在に閉じ込められて相反する生と死。そこから噴出するのが官能だ。」あるいは、やはり著者いわく「…生と死のせめぎ合いから生まれる火花こそが「性」であるということだ。官能の一つの真理である。」

戦慄の魔性を秘めた禍々しき植物にこそ、極まった官能が宿る。死をもとり込んだ生の根源的様式においてこそ、官能の炎は最大限の輝きを発するのであろう。

02. 同書所収

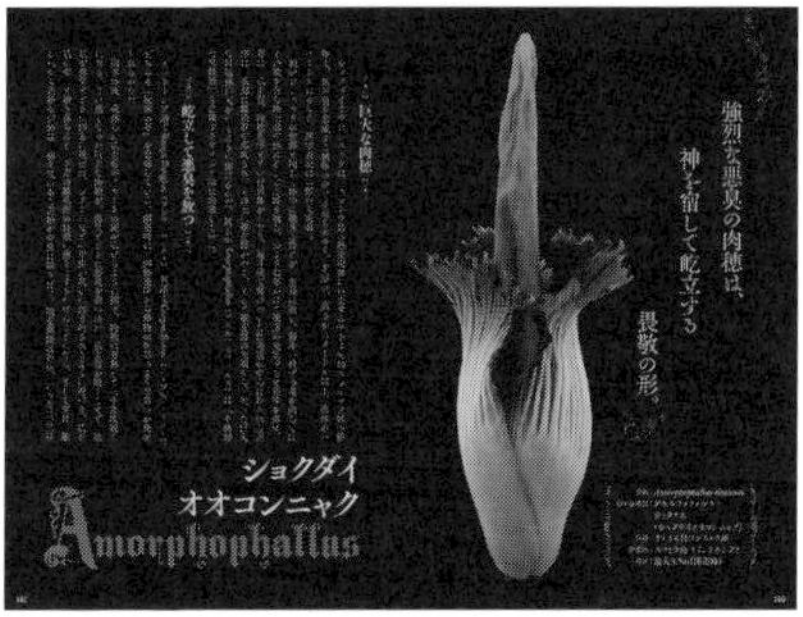

03. 同書所収

04. 同書所収

Ⅲ-12　人喰い巨人の原風景

古野清人『原始文化ノート』

古野清人 著
『原始文化ノート』
（一九六七、紀伊国屋新書）

ここ最近、巷を大層騒がせているという長編コミック『進撃の巨人』。数巻を読んでみたところ、たしかにおもしろい。だが、ここではとりあえず、複雑に展開するそのストーリーと細部はおいておこう。今問題としたいのは、この風変わりなコミックの謎の核心となる人喰い巨人の性質（性格）と、それに関わる基本的な設定である。

絶対的な脅威をもって人間を襲い喰らう巨人の種族と、抵抗むなしくただ食料のように骨を砕かれ肉を引きちぎられる、絶望的な生を甘受するのみの惨めな人類。巨人に対し唯一有効な攻撃を加えられるのは、戦闘の才に恵まれ、特殊かつ厳しい訓練を耐え抜いたひと握りの戦士たちだけである。

悪鬼のごとく子を喰らうというのなら、ギリシャ神話のクロノスが即座に思い浮かぶが、クロノスはゼウスの前の世代の支配者・主神であり、自身の子神らを冷酷無比に喰うという、いわば神々の世界の話であった。わたくしが思い浮かべたのはこの古代ギリシャの神統記ではなくて、極寒地帯のカナダ僻地に認められ、「ウィンディゴ精神症」と呼ばれる異様な病的現象であった。

東北カナダの広い地域に住むアルゴンキアン語系のインディアンの間では、主に人を餌として貪り喰う巨人モンスター、ウィンディゴの神話がある。神話とはいえ、それをリアルに生きるインディアンたちにとって戦慄すべきグロテスクな巨人はその実在を固く信じられており、現実に近年でも人々をパニック状態に陥らせたことが多々あった。

元はインディアンの間で信仰されている数多の精霊の一つであったウィンディゴの特徴はかなり詳細に報告されているようで、それは以下の通りである。身長は二十から三十フィート、松の木ほどの大きさで、男性も女性も存在する。氷の心臓をもつとも、全身が氷でできているともいわれ、また巨大な氷の生きた骸骨といわれることもあるらしい。ウィンディゴ同士が出くわすと壮絶な闘いが演じられるが、勝者は敗者を喰ってしまう。

巨人は極寒の環境をものともせず、衣服は纏っていない。ときには樹木に身体を押しつけて樹脂を衣替わりにしたり、砂上を転げまわって石の衣服のようなものを作ることもある。

口腔部は唇なく、鋭利な鋸のごとき歯を有する。そこから不吉な音を伴う息を吐き、数マイル離れたところからでも聞こえる雷鳴のような怒声を発して、逃げ惑う人々の足を恐怖で硬直させてしまう。

眼球は不気味に突き出し、足は踵が尖り、大きな指が一つだけある。鋭い爪の生えた手は強力で、張り手一発で人間の内臓を引き裂き破壊してしまう。

巨人は人肉を求めて森林をうろつく際には地を割るほどのパワーで闊歩するが、湖沼に潜ることも可能で、その際にもカヌーをひっくり返してしまうほどの猛スピードを発揮する。

ウィンディゴは獲物を執拗に追い回し、暗くなってから捕獲し喰らうという。哀れな人間にとって、怪物の空腹が絶頂になる最も危険な時期は、冬、あるいは雪解けの春と見なされている。

絶望的なことに、この恐るべき怪巨人を殺すことはほとんど不可能である。矢も弾丸も通常の武器は歯が立たず、頭を切り落としてもすぐにくっついてしまうし、銀の弾丸なら効果があるとも噂されるが、それもあやしい。ただ、特殊な呪術宗教者であるシャーマンのみが、他の諸精霊の力を借りてウィンディゴを倒すことができる。

恐るべき残虐モンスター、ウインディゴが人の世に出現したのには様々な説があるが、宗教学者の故古野清人氏によると、最も有力な説明は、元は人間であった者がある種の邪術により超人的に変化し、氷の心臓を育んだということらしい。他にも、邪術者が悪の目的で夢から作ったとも、飢えで死んだ人々の魂の集積体であるともいわれる。

巨人の特徴など細かいところはさておくとして、冷酷無情に人間を捕食する巨人といい、ただ怯え逃げ惑うしかない虫けらのような人間といい、さらには唯一このモンスターを倒せるのが宗教戦士シャーマンというのも、『進撃の巨人』を髣髴させるとはいえまいか。ただし、ここからは少し話がちがってくる。獰猛な食人精霊ウィンディゴは人に憑依し、憑かれた人間そのものを恐るべき食人鬼に変えてしまうのである。これがいわゆる「ウィンディゴ精神症」と呼ばれるもので、精霊巨人に憑依された者はまずは食欲の停滞をきたし、慢性的な嘔吐に悩まされるという。やがて食べず、眠らず、話さず、動かずといった状態に陥り、自己を閉ざしていく。そして、周囲の者たち、すなわち家族が食物に見える妄想にとらわれて、ついに忌むべき食人行為に手を染めてしまうのである。しかし、この症状に陥ったと思われる者は、大抵の場合、食人行為に至る前に自ら死を選ぶか、他の者の手で生命を絶たれるという。

特異な地域限定精神疾患というと、たとえば、トマス・ド・クインシーが『阿片常用者の告白』で言及した、突如興奮して殺人に及ぶという当時（十八世紀）のマレー人特有の精神障害「アモク」や、元は毒蜘蛛タランチュラに噛まれて発病すると考えられたが、実のところはもはや噛まれてもいないのに（噛まれたと妄想して）症状を起こす南イタリア寒村地帯のヒステリー的舞踏病（実際は病気というより宗教的文化現象との説が強力）などが思い浮かぶが、ウィンディゴ精神症はこれら奇怪な謎の病と比較してもその陰惨さが際立っているといえよう。

厳しい極寒の環境で孤立を余儀なくされる狩猟民たちはつねに食糧不足や飢饉に怯え、極度の不安状態に置かれている。幼き頃より親からも独立を強いられ、頼れるのは自分と、神聖な夢や幻覚にあらわれる味方の精霊だけである。はたして、彼らが何らかの形で自己崩壊をきたし、超自然の力の庇護を失ったとき、戦慄の巨人ウィンディゴはその心に忍び寄ってくるのであろうか…

古野教授はウィンディゴ精神症を「スキゾフレニア（精神分裂症）とみられる疾患の一つの原始文化での変異であろう」と喝破するが、天災・人災などによる深刻な食糧危機と極度の不安・虚無感が現代の都市を襲ったとしたら、あるいは極寒の地の人喰い巨人がわれわれにもその呪われた牙を剥き、進撃を開始するかもしれない。

Ⅲ-13　少女と植物のみだらな交歓

ユズキカズ『枇杷の樹の下で』

ユズキカス
『枇杷の樹の下で』
（二〇〇一、青林工藝舎）

古い木造家屋の縁側で、ごろごろと寝そべり、時をやり過ごすひとりの少女。といっても、いわゆる美少女ではなく、あか抜けない田舎の女学生である。

夏の暑さにばてたのか、微熱があってだるいのか、まるで重力にすら逆らわないといった態の怠惰な様子が妙にエロティックだ。しばしば、あらわな生脚のクローズアップされたコマが絶妙のタイミングで挿入されて、みだらな気分に熱をそそぐ。

そして、庭には驚くべき生命力を漲らせた植物群が無秩序に繁茂する。あまりにも生き生きとしすぎていて、ときに、それらはグロテスクですらある。噎せ返るような植物の匂いをふりまきながら群れをなしていきなり襲いかかってくる、そんな恐怖感さえ覚えさせる。実のところ、乱雑に茂るおびただしい草木は家屋を包囲し、今にも呑み込んでしまおうとしているふうにも見える。作者ユズキカズは次のように語る。

「ぼくの思い描く庭は、ひとことで言えば管理されていない庭、あるいは管理をはるかに上まわるスピードで繁茂する庭で、縁側ぎりぎりまで植物が迫ってきているし、ときには縁側をのり越えて、部屋の中まで侵入してきてしまうというものでした。」

植物の過剰な力は、あるいは少女の官能的な気分を刺激するのかもしれない。『火喰鳥の庭』においては、庭のコマと縁側に寝そべる少女のコマが交互に組み合わされ、あたかも植物の呼びかけに応えるように少女は身をくねらせる。そして、ついには、ほとんど夢心地の様子で片手を股間へと導かれてしまう。

筋らしい筋もなくゆったりと静かに進行するユズキカズの漫画は、植物のコマと少女のコマの組み合わせによって、作品全体を濃密な官能の香気で満たし、読者を心地よい猥雑の眠りへといざなう。それは、伝説の漫画誌『COMICばく』に掲載された芸術的漫画作品にかぎらず、エロ劇画誌に発表されたものにおいても同じである。

『黄金時代』と題した作品では、エロ劇画にもかかわらず鬱蒼とした森を丹念に描写している。しかも、そのコマ数もエロ漫画にしてはちょっと多すぎる気がする。クライマックスでは、ひとりの女子高生が何人もの「恐るべき子供たち」に凌辱されるが、彼女

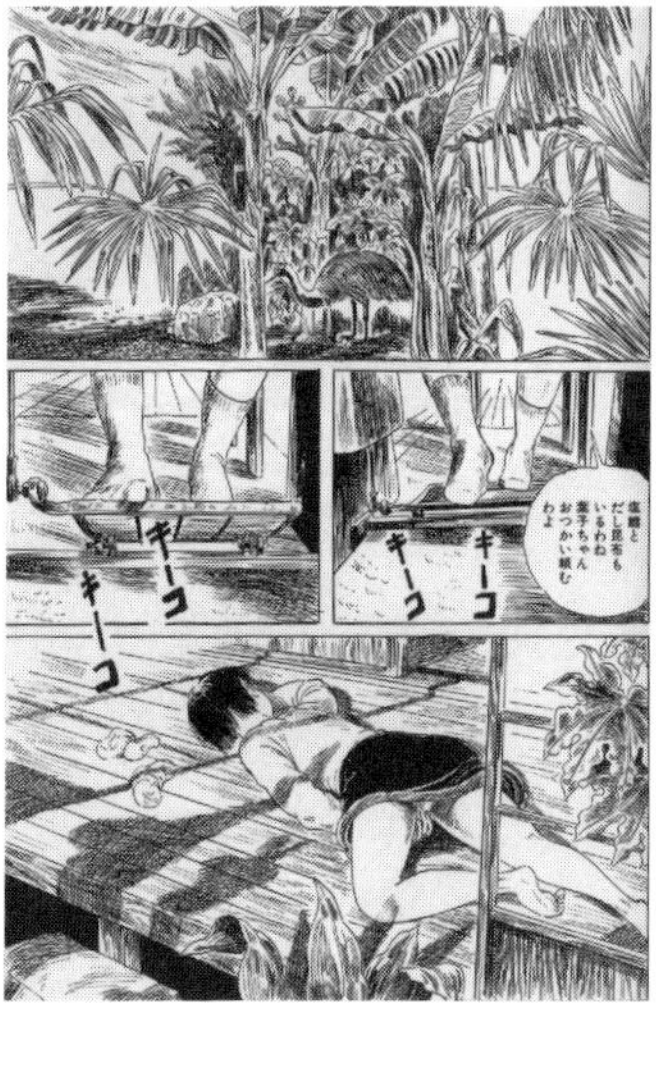

01.「火喰鳥の庭」／同書所収

はびっしりと生い茂る植物に埋もれるように倒れ込んでしまう。降りしきる雨と無数の草の葉にまみれながら、全裸の少年少女らは女子高生のパンティーを剥ぎ、未熟なペニスを口に挿入し、腹の上で跳びはねる。みだらな悪戯の仕上げは、気絶した女子高生の顔と下腹部への放尿だ。この手に負えない子供らは、淫奔な草の精なのであろうか。

　女子学生と子供たちと植物群がエロティックに交歓するこのラストは、あたかも乱交シーンのごとくである。見方によってそれは、幻想的な恍惚境、まさしく、エロティックな遊びのみが繰り返される「黄金時代」のイメージといってもよいかもしれない。

02.「黄金時代Ⅱ」／同書所収

03.「黄金時代Ⅱ」／同書所収

Ⅲ-14 汚穢のユートピア

日野日出志『怪奇！ 毒虫小僧』『赤い蛇』

日野日出志 著
『毒虫小僧』(一九八七、ひばり書房)
『赤い蛇』(二〇〇〇、青林社)

学校に行けばヒステリックな年増の女教師や意地の悪い同級生たちに苛められ、家に帰れば優秀な兄と妹に比較されて肩身の狭い思いをする。どこにも居場所のない少年は、自分は生まれてこない方が幸福であったと考えたかもしれない。心優しいが陰気な少年の唯一心休まる場所は、まるで生まれてくる前の暗い胎内を髣髴とさせる、ゴミでできた「秘密のかくれが」だった。そこは「この世の墓場ともいえる場所」であるがゆえに誰からも干渉されず、心から愛する芋虫や毛虫などの気味の悪い虫や動物たちと一緒に幸福なときを過ごすことができるのである。少年の願望は到達することの難しい高みを目ざすのではなく、誰も触れることができない(誰も触れようとしない)穢れた底辺へと向かう。しかし、たったひとつの彼の居場所も完璧なユートピアとはいいがたかった。永久にそこで生活することはできなかったからだ。

憂鬱な少年に完全な〈底辺の安らぎ〉を与えてくれるのは、皮肉なことに汚穢の中から生まれてきた恐るべき毒虫であった。その真っ赤な毒虫に咬まれた少年は原因不明の奇病に罹り、全身がどろどろに溶けていく。「やがて少年の体はミイラのようにコチコチに固ま」り、その堅いミイラからグロテスクな虫が生まれてくるが、それは変わり果てた少年の姿なのであった。人間としての少年は死に、今度こそ誰にも邪魔されず永久に平穏な生活を満喫できる下水道という楽園を手に入れる。虫と化した少年すなわち「毒虫小僧」が地底に「穴をアミの目のようにはりめぐらし」てつくった地下のユートピアは、煩わしい他者から完全に隔離されて生きるという消極的な快楽を貪るには最適な場所であった。

だが、醜い姿のためにかつて仲のよかった動物たちからさえ疎まれてしまうという事実が、消極的な快楽を誰からも相手にされない孤独の苦痛に転じ、他者と関わって生きたいという積極的な切望を心に芽生えさせてしまう。このことが実の父親による殺戮の悲劇を生み、「地獄少女」がなつかしい闇に回帰するように「毒虫小僧」も今度は本当の死＝母の国へと帰っていく。米沢嘉博氏も指摘されているが、グロテスクな描写にもかかわらず『怪奇！毒虫小僧』も『恐怖・地獄少女』も基本にあるのは恐怖ではなく悲しみなのであった。

『怪奇！毒虫小僧』におけるユートピアが慎ましくも快適な〈囲われた楽園〉であったのに対し、『赤い蛇』に描かれた出口のない広大な日本家屋は、澁澤龍彦氏が「密閉されたまま無限に膨張する、むしろ悪夢という牢獄」（『螺旋について』）といみじくも書いたジョヴァンニ・バティスタ・ピラネージの『牢獄』シリーズのように絶望的なまでに閉ざされながらも、無限の広がりをもつ和製ゴシック的迷宮なのである。

『赤い蛇』はこれといった筋もなく、作者の不気味な心象風景を描写した一篇の象徴的な詩を思わせる作品である。去勢恐怖や禁じられたエロティシズムを暗示する悪夢のようなルーティーンの反復と物語の円環的時間構造が逃れようのない不安感を増大させる。とはいうものの、主人公の少年が「ぼくは物心ついた時からこの家を出たいと思っていた」というわりには脱出に対する必死さがまるで感じられないことから、そこに、無気力感にどっぷりと浸かるような、諦めと見分けがたいある種の快楽と無時間的な生への願望を読みとることもできるかもしれない。

　そして、「まるで迷路のように入り組んでい」る長い廊下と「恐ろしい魔が棲みつい

01.「赤い蛇」／同書所収

02.「赤い蛇」／同書所収

ているという」数え切れない部屋のずっと奥にある「あかずの間の向こう側に見たもの」は、少年にとって「とてつもなく恐怖に満ちたなつかしい世界だった」ということであるが、この世界は「一度抑圧を経て、再び戻っていった馴れ親しんだもの」すなわちフロイトのいう「不気味なもの」であり、もっとはっきりいってしまえば母胎という郷愁と恐怖の入り交じった失なわれた楽園なのである。

03.「赤い蛇」／同書所収

04.「赤い蛇」／同書所収

III-15　エロスの奈落の美学

宮西計三『エステル』

宮西計三『エステル』（一九九七、ペヨトル工房）

エロスと残酷と倦怠の幻想詩のささやきに、享楽に狂った美女と美少年が囚われる。なまあたたかい交わりの呪縛に、飢えた性器は愛液まみれ、両の眼球は剥き出し、体躯は舞台の上の役者のごとく捩られ、弛緩し、やがては硬直に至る。

官能に痙攣しているのか、はたまたそれに戦慄しているのか、抱き合う男女の表情は狂乱の色に染め上げられ、極端な感情の昂揚をあらわにする。絡み合う肉体には、漲る欲望により淫らな陰影が刻まれている。

血と愛液の濃密な混合溶液が、エロスの奈落を悪の美学で発光させる。

宮西計三の描く官能美の世界は、あるときは螺旋状の迷宮を急降下するような目眩の感覚を引き起こし、またあるときは悪夢に溺れる危険な陶酔状態のさなか、精根を使い果たす恐怖を呼び覚ます。いずれにせよ、氏の、ときに奇抜とも思える性的夢想は抵抗しがたい引力を発揮する。過剰なまでの性描写と洗練を極めた美のバランスは絶妙で、エロティシズムの驚異的なる時空を切り開くだろう。『エステル』は数ある八十年代の作品群から厳選して編んだ集成であり、自らの美学を守り続けた孤高の漫画家・画家の姿が浮き彫りにされている。氏の作品集としては比較的最近のもの（とはいっても、もう二十年前ではあるが）といえるので、入手もそれほど困難ではないだろう。願わくば、遠くないうちに復刊を！

01.「うつくしきかしら」／同書所収

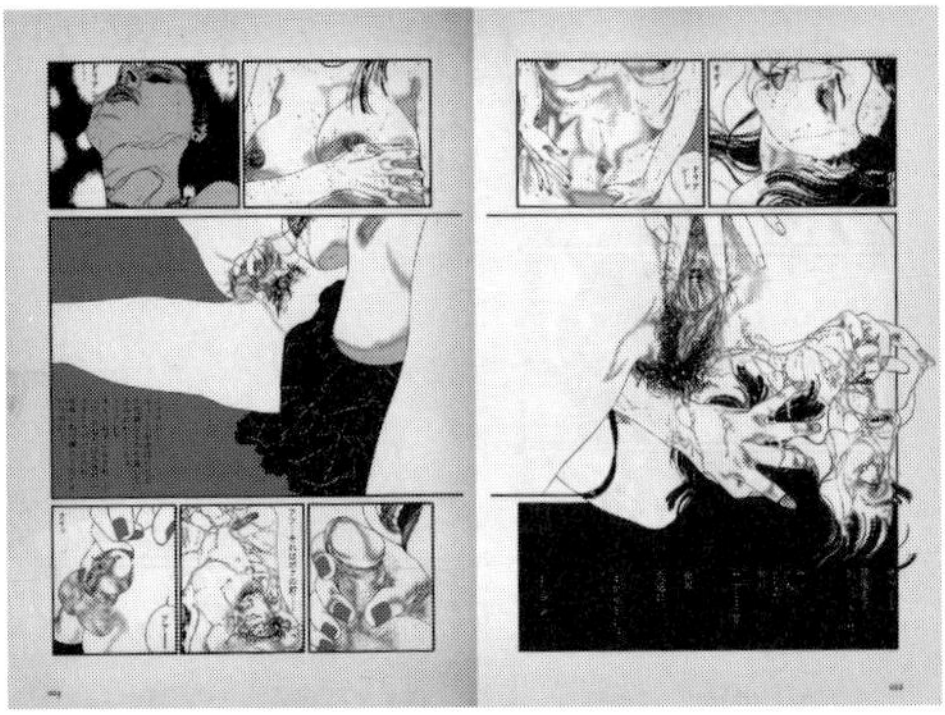
02.「バラティユリ」／同書所収

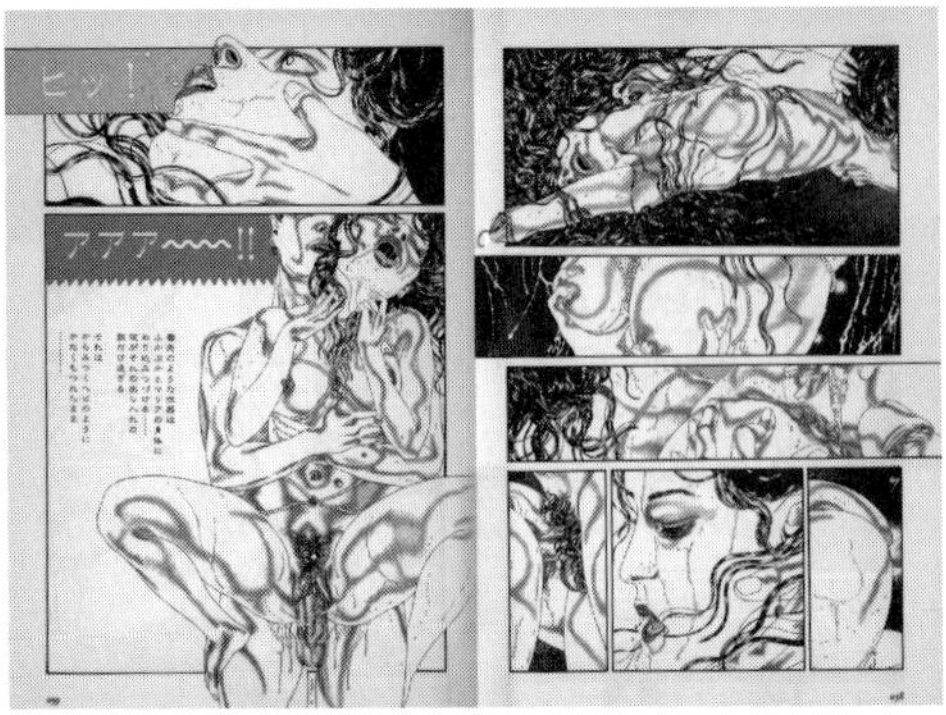

03.「エステルの化粧」／同書所収

III-16　艶女を描く女装の日本画家

甲斐庄楠音画集『ロマンチック・エロチスト』

甲斐庄楠音
『甲斐庄楠音画集――ロマンチック・エロチスト』
（二〇〇九、求龍堂）

大正期の日本画家・甲斐庄楠音は生涯を通じ、執拗なまでに、女臭さのぷんぷんと匂い立つ日本女性を描き続けた。べっとりと塗りたくられた白粉からも、不気味に見えてしまうお歯黒からも、でっぷりと貫禄満々の裸体からも、土着性の染み込んだ女の体臭が立ち上ってくる。

見る者は、女の強烈な臭気にまといつかれ、女という底なし沼にもがき惑うような錯覚に陥ってしまう。西洋世紀末美術のデカダンスに傾倒していたという甲斐庄の女絵は、まさに、病的なまでの凄艶を周囲に振り撒く日本の土着的ファム・ファタル（宿命の女）といってよかろう。

甲斐庄は先輩画家にある展示のための出品作を「きたない絵」と評されていたく落ち込んだと伝えられるが、ある種の「きたなさ」をここまで強烈に体感させるというのは、考えようによっては、「きれい」を印象づけるのと同じくらい、いや、それ以上にむずかしいことなのではなかろうか。毒黴でも繁殖しそうな湿り気を含む、エロティックな妖気をことほどさように見事表現し切る画家というのも、めったにお目にかかれるものではあるまい。

さて、このように、恐ろしい「日本の母」を髣髴とさせる、あまりにも濃すぎる女性像を追求し続けた甲斐庄ではあったが、実のところ、彼は同性愛的な傾向の持ち主であったと噂されていた。しかも、幼き頃より父親に仕込まれた女装癖にすらも耽っていたといわれている。甲斐庄が圧倒されるような官能を湛えた女たちを描いたのは、あるいは女性に対する嫌悪と恐怖が影響していたのかもしれない。

甲斐庄は、自らが耽溺した女装癖を作品制作にもとり入れたらしい。すなわち、女性のモデルのイメージと女装した自分（あるいは女装させた画家仲間）のイメージをミックスして、あの独特の土着的ファム・ファタルを完成させたのである。

01. 同書所収

02. 同書所収

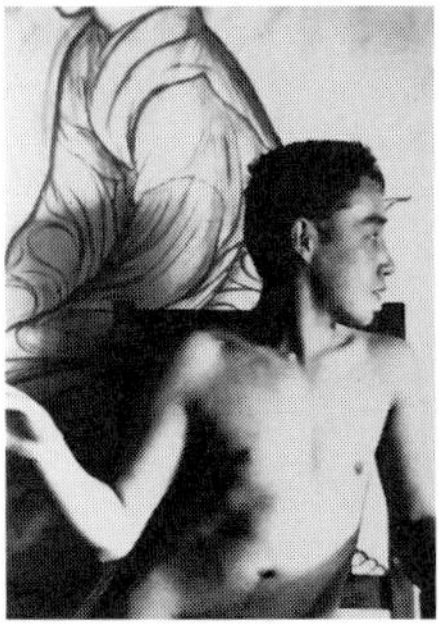

03. 同書所収

Ⅲ-17　性地の亡霊たち

東京るまん℃写真集『REST3000〜 STAY5000〜』

東京るまん℃
『REST3000〜 STAY5000〜』
（二〇一一、ZEN FOTO GALLERY）

時代から取り残されたような、うら寂れたラブホテル。欲望が吐き棄てられ、澱み、幾重にも堆積する放埒な夢の廃墟。ある種の異様なムードを漂わす、その古びた建造物が、東京るまん℃の撮影現場である。

彼女は強い磁場に引き寄せられるように、みだら渦巻くその胎内にどっぷりと浸かり切る。

やがて、彼女は服をゆっくりと脱ぎ去り、思いを巡らせるだろう。あるいはそのときすでに、彼女の裸身には幾多もの淫欲の亡霊が纏いついてきているのかもしれない。

そこを訪れる女たちは、金で買われ、少女と淫婦の間を行き来するようなあどけない乙女もいたろう。あるいは、行きずりの男との危険な性戯に溺れ、とめどなく溢れ出る獣欲に肉身を埋めながら死の淵を彷徨うかのごとき女もいたろう。

東京るまん℃は、そういう黒き性夢の生贄となった女たちを演じるというより、むしろ、女たちの淫欲の残気のようなものに憑依されるかのようである。

だから、るまん℃の心の多くの部分は、おそらくは淫欲の亡霊に捧げられるのだろう。だが、彼女の心の一部は視線の欲望のために残されて、カメラという魔法の機材へと飛ばされる。彼女は他者ではなく自身の手で、その憑依の現場をとらえたいとおぼしい。

はたして、そうして浮かび上がったイメージはいかなるものであったろうか。おそらくは、撮影者であるるまん℃の予想も超えたものであったのではなかろうか。

淫欲の亡霊を蝟集させた裸体は、ときに、謎を秘めたオブジェと化してしまっているようにさえ思われる。欲望を満たすための肉体からはすでにずれてしまって、触れがたい異物へと近づきつつあるようなのである。

そのとき、心地よいはずの性夢には亀裂が走り、戦慄にも似た眩暈がわれわれの眼球に投げ込まれるだろう。

01

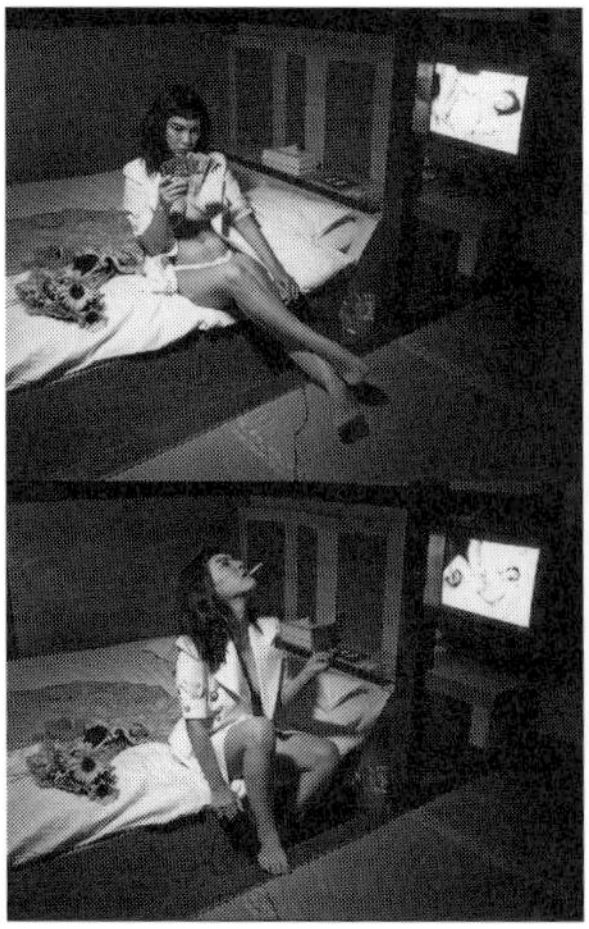
02

01〜02. 同書所収

07

03

04

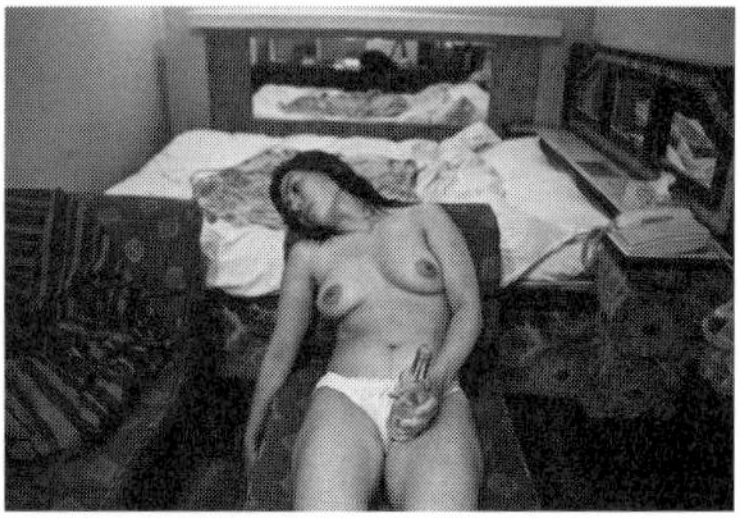

05

08

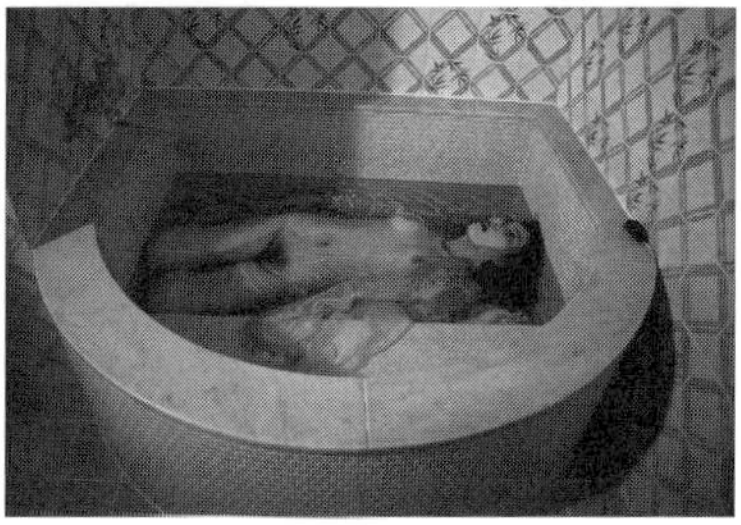

06

03〜08. 同書所収

Ⅲ-18　セルフヌードの浄化儀礼

東京るまん℃写真集『Orphée』

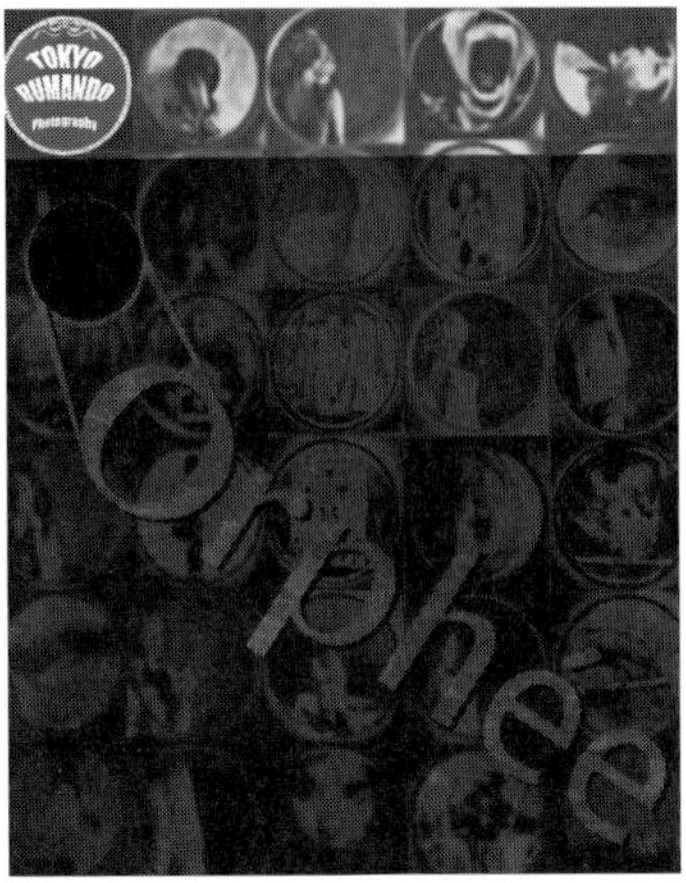

東京るまん℃『orphée』（二〇一四、ZEN FOTO GALLERY）

二〇十四年夏の個展で発表される東京るまん℃の新作はやはりセルフ・ヌードであるが、一風変わった連作のようである。それは『オルフェ』と題されている。

るまん℃は、とある室内の鏡の前に佇んでいる。だが、その鏡はある種の魔鏡で、現実を映すだけでなく、写された者（すなわちるまん℃）の失った過去をも呼び覚まし、異界へと通じる道を開く。

放蕩と歓喜、不安と恐怖、頽廃と狂気、そして死と虚無までをもその魔鏡は映し出し、増幅させる。るまん℃は彼女のからだと心に闇のごとくつき纏う記憶と運命の呪縛に対峙させられ、やがて、魔鏡から溢れいでる異界の磁場に侵食され始めてしまう。

表題にとられているギリシア神話の神的詩人・楽人オルフェウスは、死した愛妻エウリュディケ奪還のための冥界巡りでも知られるが、オルフェウスは決して振り返ってはならないという冥府の禁を破り、エウリュディケの顔を見たがため、いうなれば死の、冥界そのものの顔を見たがため、永遠に愛妻を失うことになったと伝えられる。

　ここには、芸術的神人の残した一つの教えがあると見ることもできよう。すなわち、芸術家という者はたとえ大切な何かを失い、自らを危機に晒すことになったとしても、〈見る〉という欲望に殉じることを厭わず、深き淵の戦慄と対峙しなければならないという教えである。

　さて、るまん℃は作品のなかで記憶の闇へと自身を直面させた。そして、彼女はこの連作を、過去の清算とその浄化のための儀式のようなものであると語る。だがその一方で、自らの記憶に切り捨てがたい執着をも感じているようであった。

　そうであるなら、彼女が記憶の闇を自らの生に組み入れ直し、生の一部として生きることができたときにこそ、あるいは真の意味で、浄化儀礼としてのセルフ・ヌードは完遂されたといえるのかもしれない。

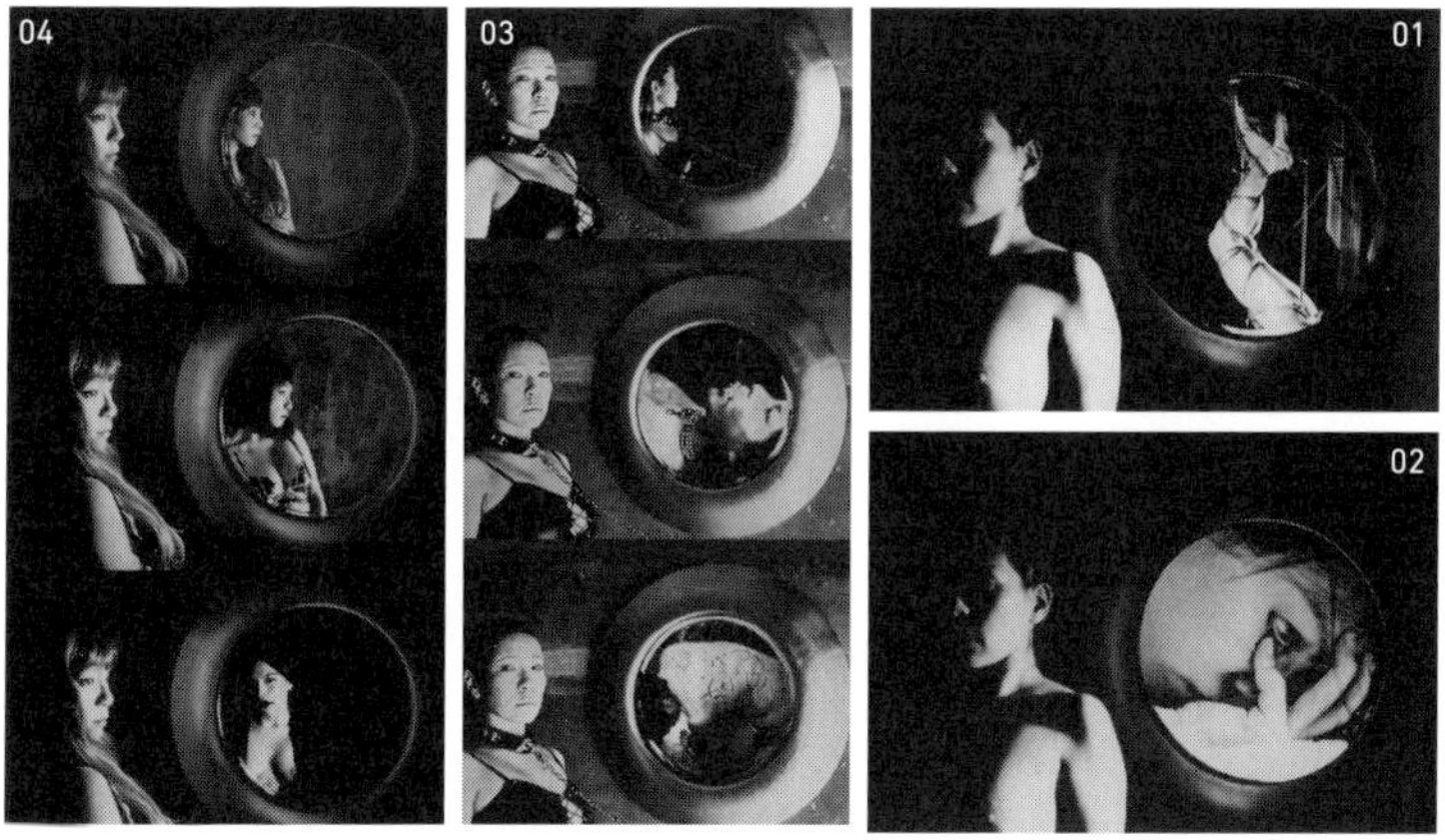

01〜04. 同書所収

III-19 聖闇の彼方へ

箕輪千絵子『CHIEKO MINOWA』

箕輪千絵子
『CHIEKO MINOWA』
（二〇一五、不忍画廊）

件という妖怪は、人の顔をした牛、すなわち人面獣である。これは、動物の顔に人身といった獣面人にくらべ、動物性がより強く際立った印象を与えるだろう。人面獣は四足歩行に手の使用が封じられていることも加わり、人間的な二足歩行と手作業が可能な獣面人よりも明らかに人間性と文化度の欠落を感じさせるわけである。

獣面人がいわば自然（動物）の人間化であるとすれば、人面獣の方は人間の自然（動物）化といってよいかもしれない。前者はあくまでも基体（主体）となるのは人の身体であって、それが獣の力を一部借り受けとり込んで通常の人間的状態を超えようとするのに対し、後者はあたかも人の存在が人ならざるものに包囲され侵されのみ込まれていくかのごとくである。

つまり、人面獣は人間性の失われるぎりぎりのところまで精神的下降を続け、野性の暗黒へと限りなく接近していくのである。たしかにそこは人にとって忌むべき獣性の巣食うカオティックな危険域であろうが、見方を変えれば、日常をはるかに凌駕する、戦慄的なまでの聖性に満たされた領域でもあろう。
その深き聖闇の底に降り立つがゆえに、件という怪物は必ず的中するといわれる予言をぎりぎりの線で保った人の言葉でつかみ取ることができるのではなかろうか。

人間性の解体される野性の深淵はむやみに触れることを拒む畏怖すべき狂域であるが、日常の経験を超えて精神の再編を求める者を常に惹きつける抗いがたい魅惑をもつ。

銅版画家・箕輪千絵子の描く件は、人であることを忘れつつあるという慄きからであろうか、ときに怯えを隠し切れず、表情を曇らせるようにも見える。だが、大抵の場合、怪物はいたって穏やかな態であり、人を超えた領域を遠く静かに見つめているかのよう

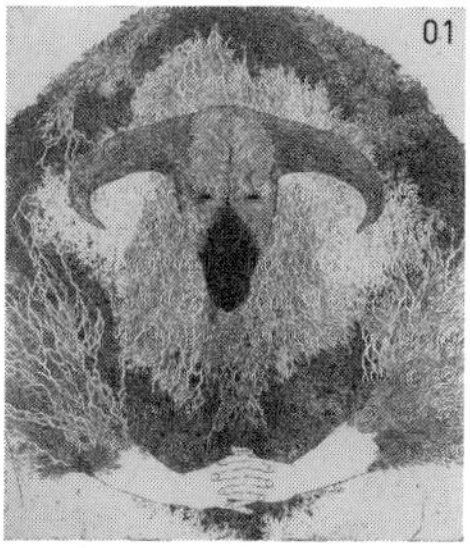
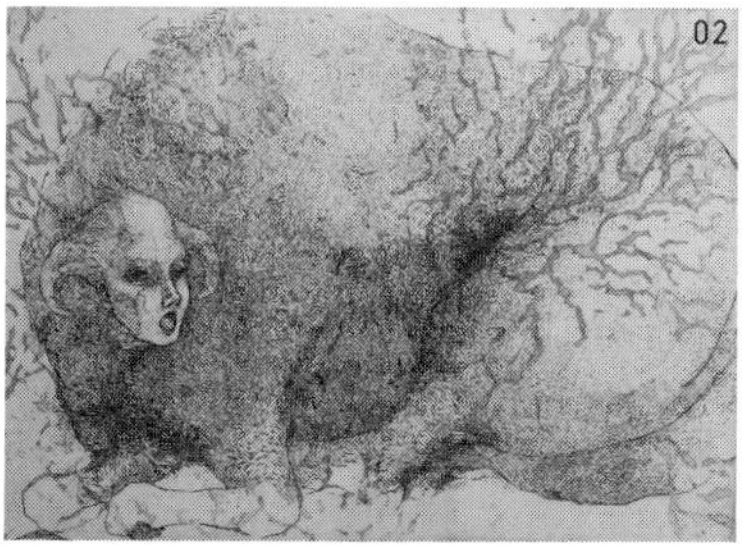

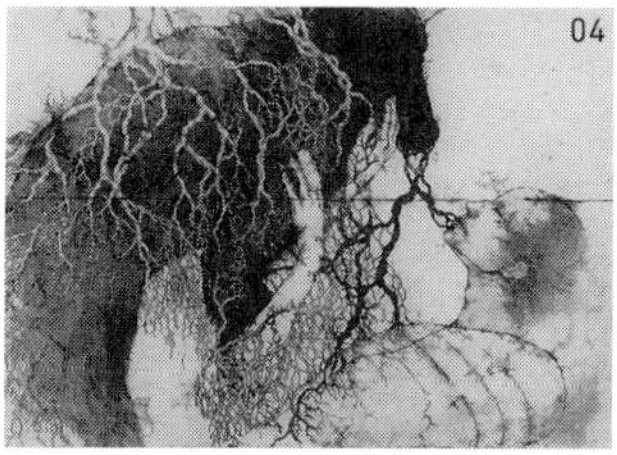

01.「彼は言葉を持たない」二〇一三／同書所収
02.「最初で最後の一言」二〇一四／同書所収
03.「絞め殺しの木」二〇一〇／同書所収
04.「来世で言葉がつかえるように」二〇一〇／同書所収

である。怪物は、人間性を喪失し、自然の聖闇に浸されていく至福に身を任せようとしているかに思われる。

かつて、箕輪と言葉を交わした折り、彼女は長い年月を経て人の手で制度化された壮麗な寺社よりも、より古き時の闇を宿した荒々しい土着の聖所を好むと話した。箕輪は制作においても、常に、畏怖しつつ引き込まれる彼方の聖闇に目を向けてきた。自らの心的解体の危機を覚悟の上で、なおも深淵へと精神の下降を続ける若き芸術家をわれわれは今後も応援していきたい。

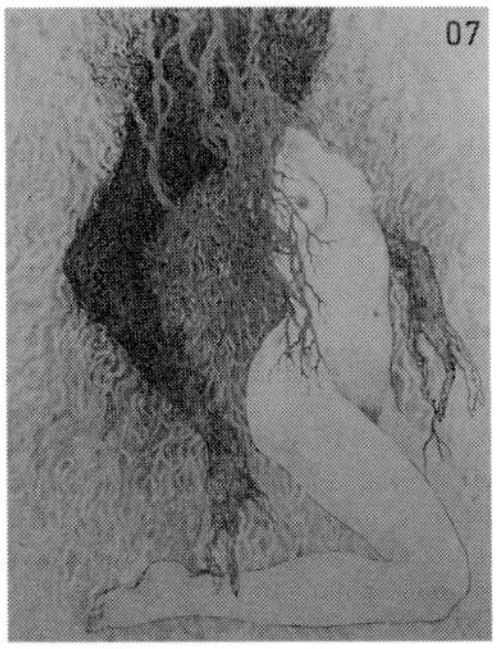

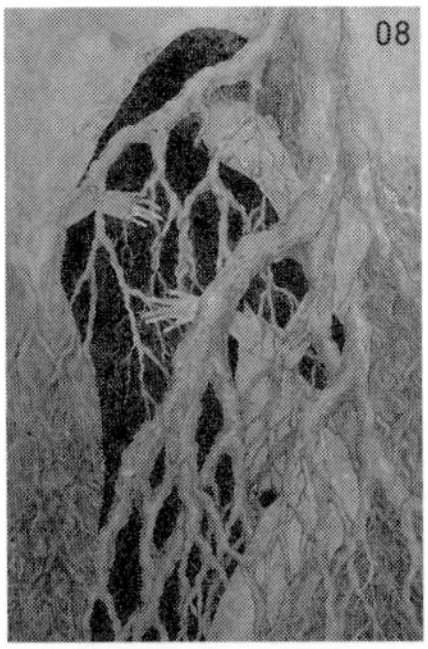

05.「生まれ出づることは」2008 / 同書所収
06.「罪深きことはなんだか知っている -Sublimity-」2009 / 同書所収
07.「侵食」2015 / 同書所収
08.「絞め殺しの木 II」2013 / 同書所収
09.「回帰」2015 / 同書所収

Ⅲ-20　沈黙する肉体の彼方へ

池田俊彦『笑う黄金種族』

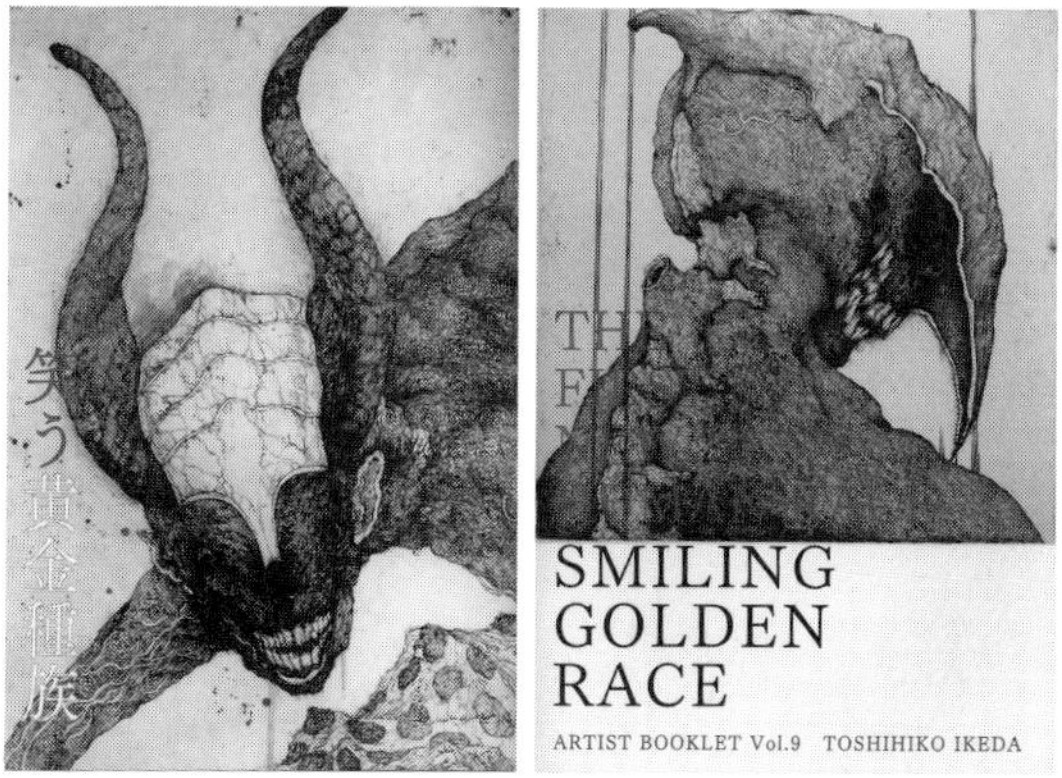

池田俊彦『笑う黄金種族』（二〇一七、不忍画廊）

ヴァールブルク学派の才媛フランセス・イエイツは、最後の著作となった『魔術的ルネサンス　エリザベス朝のオカルト哲学』において一章をデューラー《メランコリア㈵》の解読に割いている。イエイツ女史はそこで、その古典的銅版画がヘルメス主義的カバラ主義的ルネサンス新プラトン主義魔術の集大成であるアグリッパ『オカルト哲学について』に基づいて描かれた事実を同じエコールのパノフスキー、ザクスルらの研究により確認しつつも、同僚の解釈の一部重要な観点に異を唱えた。手短にいえばそれは画中の衰え飢えた犬に関する解釈についてであり、イエイツ女史によるとその犬は、忠実にアグリッパを参照するならば挫折と憂鬱をあらわすのではなく、五感の眠り（抑制）を表現していると断ずる。すなわち、デューラーのメランコリックな人物像はパノフスキーの解したように憂鬱で不活発な状態にあるのではなく、肉体の五感に別れを告げ、恍惚のうちにヴィジョンを見て世界の彼方へと飛翔しているというのだ。

デューラーへの特別の敬愛をしばしば表明する池田俊彦が、この斬新な図像解釈を知っていたかどうかは定かではない。だがいずれにせよ、池田の銅版画においても（無論現代作家の彼がアレゴリーを使用するわけではないが）、五感の眠りを通過して心身の日常的状態からの離脱へと至るその超越的過程が認められるように思われる。

周知のごとく池田は、過酷を極めた老化に晒される身体の細密点描表現を長い期間にわたって追求してきた。避けがたき自然現象により身体にもたらされる凄惨はある種の苦行のようでもあり、もはや感覚のゼロ地点ともいうべき眠りの域に達した身体幻想をわれわれに想起させる。ときに呆けたような老人たちはまなこを虚空に漂わせ、あたかも無感覚の恍惚郷を彷徨っているかにも見え

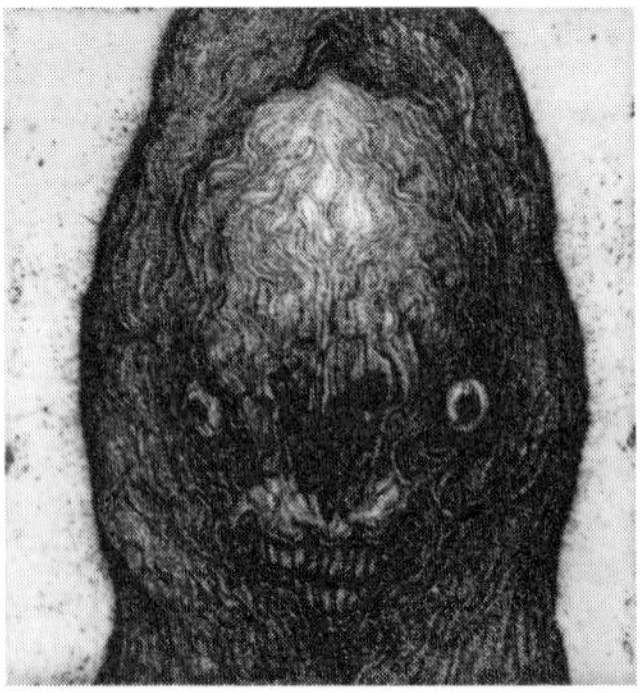

01.
「凝視する蒼いS氏」
2016 / 同書所収

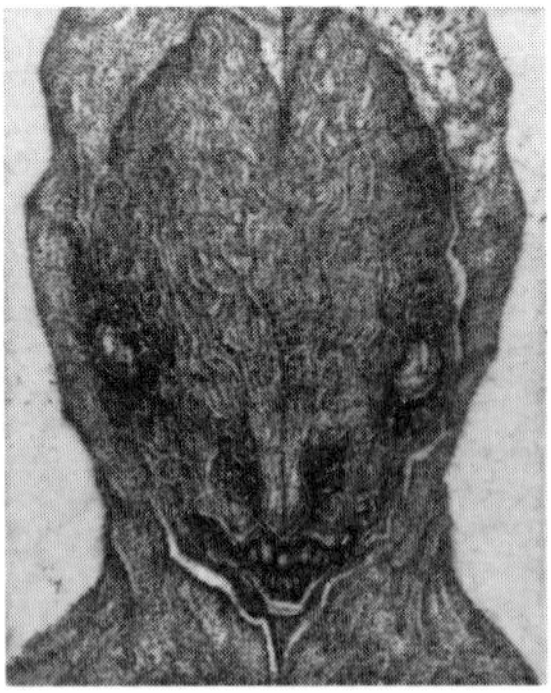

02.
「The Small new human blue」
2017 / 同書所収

た。

池田は、老いを消滅させ若返るという方向ではなく、あえて老いを加速させ老体を死ぎりぎりまでに追い込む方向に舵を定めて、老虐の極限を生き抜く果てに現出するであろう生の新たな様式を模索した。呪わしい肉体的精神的衰退惨苦との共生的和解・統御を経て到来するであろう、超老身種族のヴィジョンをニードルという銅版の魔具に託した。

そのようにして《老腐人－R》《翁－Q》《笑う老王》《笑う老女王》など何点もの力作を積み上げてきた池田俊彦の今度の個展では、高貴なる再生を予感させる黄金種族が、戦慄にも似た威容の閃光をふたたび放つであろう。

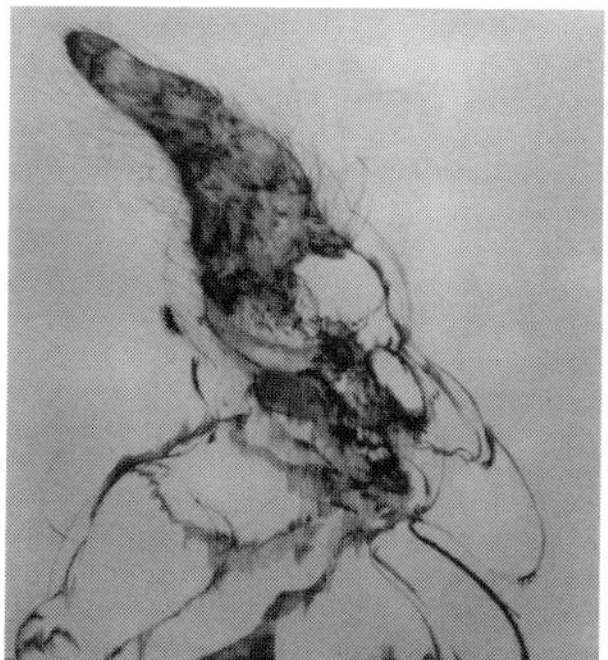

03.
「Drawing of Drying Newman No.1」2015～2017,
相馬俊樹『BLIND PEAK叢書1』
（2017, 不忍画廊）所収

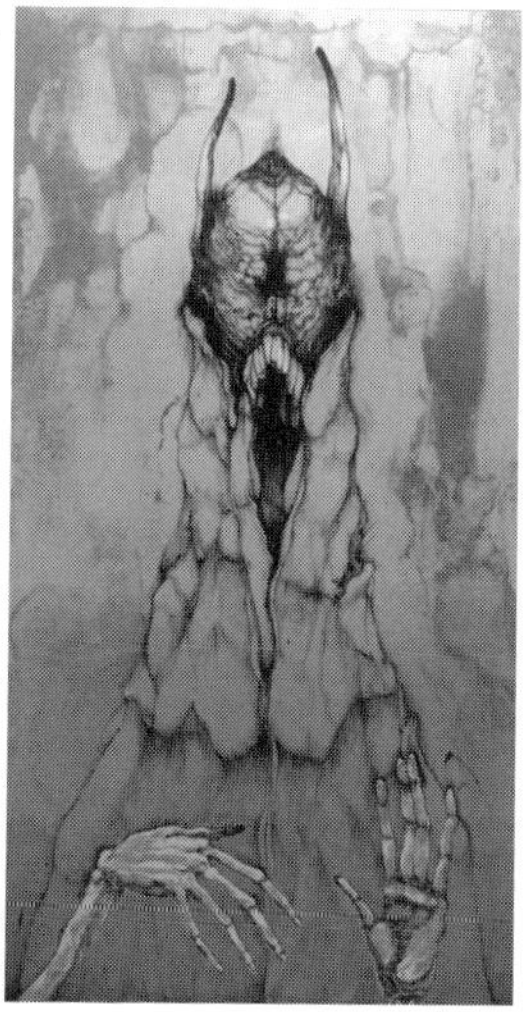

04.
「翁－Q 独唱・黄」二〇二二／同書所収

あとがき

エロティック・アートとは、いうなれば、人間の性の営みの秘められた、そして多くの場合意図的に抑圧された意味の地層(それは非常に古い地層であるかもしれないし、またエロティシズムの本質に接触する層かもしれない)にアプローチと発掘を試みようとする芸術的探求なのではなかろうか。本書の中心となる第1章は、そもそも、シュルレアリスム以降、現在にまで至るそのような表現を若干特異かつ極私的な視点のもとに厳選し、まとめてみたいという気持ちから書き下ろされた。

結果、それらのミクロコスモスがぼんやりと描き出す精神地図には、しばしば共通するある思考－志向の雛型のごときものが書き込まれているのに気づいた。それはエソテリシズム(秘教主義)と魔術への表明された、あるいは隠された傾向であり、やはりわたくしの書き上げた文章群を一読してそのことを即座に見抜かれたエディシオン・トレヴィルの川合健一氏と相談を重ねて、総タイトルはシンプルに『エロティック・アートと秘教主義』とした次第である。

一方、第2章と第3章には、古くは九十年代末から近年までに『図書新聞』『週刊読書人』『美術手帖』『トーキングヘッズ叢書』その他各種のムック・雑誌に発表したエッセー、書評などと、各画廊から依頼された序文、推薦文を加筆修正して収録した。全体的なバランスを考慮して、大雑把ではあるが、エロティシズム、セクシュアリティ、猟奇、幻想、神秘のフィールドに関連する文章をおもに選別したつもりである。

最後に、拙書が、時代に左右されることなく一貫した美意識をもって日本のエロティック・アートを牽引してきた、今年二十周年を迎えるエディシオン・トレヴィルから刊行されるという僥倖に恵まれたことを川合健一氏に繰り返し感謝したい。そして、非常にタイトなスケジュールにもかかわらず、装丁・造本を快諾して下さり、トレヴィルおよびエディシオン・トレヴィル本をはじめ美麗な造本で知られるブック・デザイナーのchutte氏にも、この場を借りて御礼を申し上げたい。

二〇一八年三月

相馬俊樹

著者略歴

相馬俊樹（そうま・としき）

1965年生まれ。慶応義塾大学文学部哲学科美学美術史学専攻卒業。美術評論家。

著書に『禁断異系の美術館』シリーズ（アトリエサード / 書苑新社）、

『魔淫の迷宮：日本のエロティック・アートの作家たち』（ポット出版）、

『異界の論理〜写真とカタストロフィー禁断異系の美術館EX』（共著：飯沢耕太郎 アトリエサード / 書苑新社）、

『アナムネシスの光芒へ── 幻景綺論』（芸術新聞社）ほか多数。

EROTIC ART AND ESOTERICISM

TOSHIKI SOMA

エロティック・アートと秘教主義

相馬俊樹

初版発行：2018年4月30日

著者：相馬俊樹

装幀：chutte

発行者：川合健一

発行：株式会社エディシオン・トレヴィル
東京都渋谷区渋谷4-3-27 青山コーポラス804 〒150-0002
tel：03-6418-5968　fax：03-3498-5176
e-mail：info@editions-treville.com
url：www.edition-treville.net

発売：株式会社河出書房新社
東京都渋谷千駄ヶ谷2-32-2 〒151-0051
tel：03-3404-1201（営業）
url：www.kawade.co.jp/

印刷製本：シナノ書籍印刷株式会社

ISBN978-4-309-92149-5